2026
중등 교원 임용
시험 대비

권은성 ZOOM 전공체육

운동생리학 트레이닝론

권은성 편저

박문각 임용

영원한강의 www.pmg.co.kr

박문각

차 례

CONTENTS

차 례

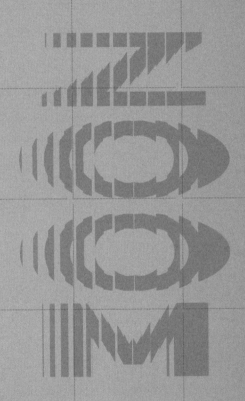

권은성 ZOOM 전공체육

운동생리학
트레이닝론

PART

01

운동생리학

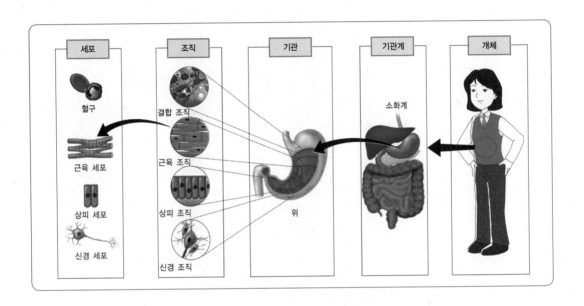

01 항상성 : 역동적 안정성

1. 항상성(homeostasis)	내부 환경의 불변성 또는 계속적 유지
2. 항정상태(steady state)	신체의 요구와 신체 반응의 균형

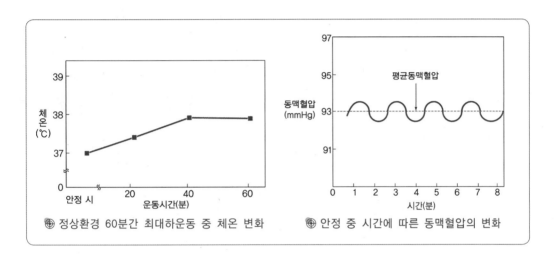

◈ 정상환경 60분간 최대하운동 중 체온 변화   ◈ 안정 중 시간에 따른 동맥혈압의 변화

02 신체 조절체계

1. 조절체계	① 세포수준 활동 조절 ② 단백질 합성과 분해, 에너지 생산과 영양소의 적정량 유지 등	
2. 항상성 유지를 위한 기관의 공동 작용	(1) 폐와 심장	① 산소 공급과 세포외액 이산화탄소 제거 ② 안정과 고강도 운동 중 산소와 이산화탄소의 정상 수준 유지
	(2) 심장과 혈관	① 산소와 이산화탄소 운반 ② 탄수화물, 단백질, 젖산 운반 ③ 운반 비율 조절

03 조절체계 원리

		(1) 정의	자극의 반대 방향으로 조절체계가 반응하여 인체 항상성 유지
1. 부적 피드백	(2) 부적 피드백에 의한 인체기관 조절 유형	✤ 혈압 조절	
		✤ 혈당 조절	
		① 호흡계	수용기(CO_2 농도) 감지 ➡ 호흡조절중추 ➡ 효과기(호흡근)
		② 동맥혈압	압각 수용기(혈압) 감지 ➡ 심혈관조절중추 ➡ 효과기(심장근, 혈관근)
		③ 체온	수용기(온도) 감지 ➡ 체온조절중추 ➡ 효과기 (근육계, 피부땀샘)
		④ 혈당	수용기(혈당) 감지 ➡ 중추 ➡ 효과기(췌장)

2. 스트레스 단백질	(1) 역할	① 항상성 조절 ② 세포 내 생리적 조절체계 : 단백질 생성으로 스트레스 방어 ③ 트레이닝 후 골격근 내 열충격 단백질 증가로 열에 대한 스트레스 방어력 향상 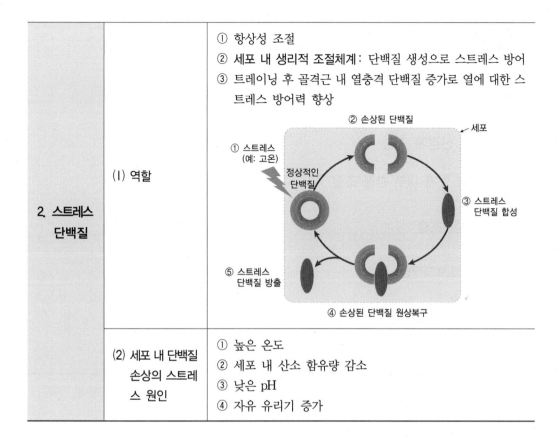
	(2) 세포 내 단백질 손상의 스트레 스 원인	① 높은 온도 ② 세포 내 산소 함유량 감소 ③ 낮은 pH ④ 자유 유리기 증가

Chapter 02 신경계

01 일반적 신경계 기능

1. 내분비계와 함께 내부 환경 조절

2. 수의적 운동 조절

3. 척수반사 프로그래밍

4. 기억과 학습에 필요한 경험의 조화

02 신경계 조직

1. 해부학적 구조

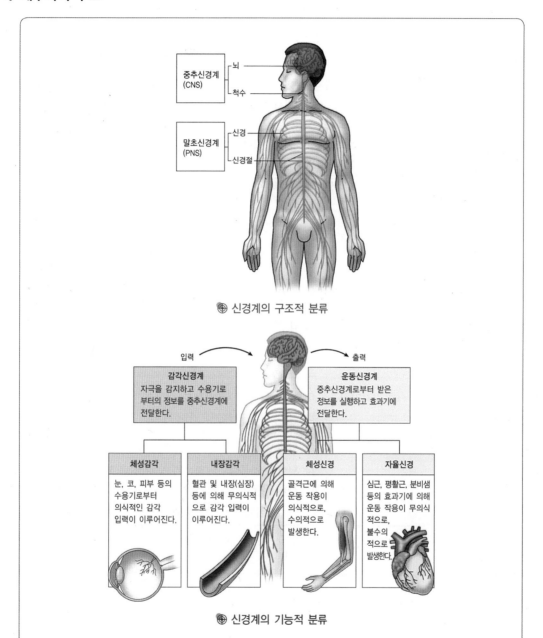

◈ 신경계의 구조적 분류

◈ 신경계의 기능적 분류

신경계의 구성은 구조적, 기능적으로 분류된다. 위 그림은 구조적인 분류로 뇌와 척수로 구성된 중추신경계(CNS)를 나타낸다. 아래 그림은 기능적인 분류로 신경계감각(입력) 및 운동(출력)부분을 담당하는 신경과 신경절로 구성된 말초신경계(PNS)를 나타낸다.

중추 신경계	뇌		대뇌, 간뇌, 소뇌, 뇌간 (중뇌, 뇌교, 연수)
	척수		뇌간의 아래 연수와 척수 연결
말초 신경계	감각계		혈관과 림프관 내부기관, 특수감각기(미각, 촉각, 후각, 청각, 시각), 피부, 근육과 건(고유수용기), 화학수용기, 압력수용기
	운 동 계	자율 신경계	교감신경계, 부교감신경계
		체성 신경계	추체로, 추체외로

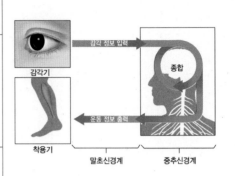

(1) 중추신경계 (CNS)	① 뇌와 척수 ② 수의적으로 움직임 조절 ③ 내분비계 호르몬 분비율 변화	
(2) 말초신경계 (PNS)	① 감각기관	㉠ 구심성 섬유 ㉡ 감각기관은 수용기로부터 중추신경계까지 신경자극 수송 ㉢ 통증, 온도, 화학성 감지
	② 운동기관	㉠ 원심성 섬유 ㉡ **체성 운동신경** : 골격근의 수의적 움직임 조절 ㉢ **자율 운동신경** : 소화관, 심근, 분비선과 같은 평활근기관 　　의 불수의적 움직임 조절

2. 신경원

(1) 신경원 구조

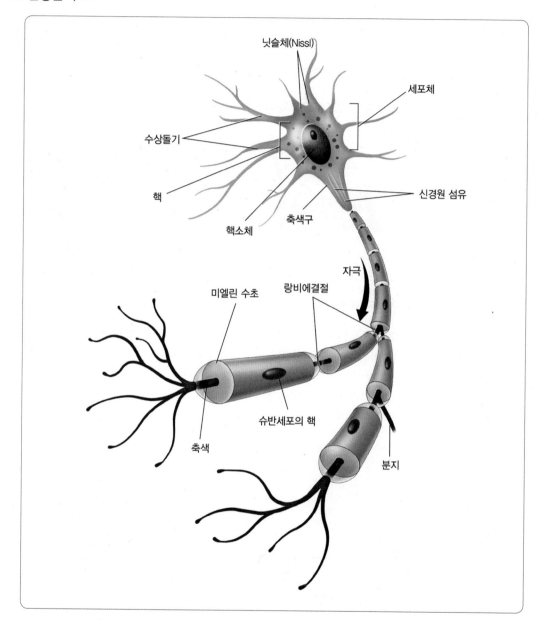

① 세포체	
② 수상돌기	전기적 자극을 체세포로 전달
③ 축색	전기적 자극을 세포체로부터 다른 신경 또는 원심성 신경으로 전달

(2) 신경원의 전기적 활동 2022년 A 9번

⑴ 신경세포 포함한 모든 세포는 안정 시 세포 내 음성(−) 전압 형성
⑵ 안정 시 막전압 : 크기 결정 요소

> • 이온의 종류에 따라 다르게 반응하는 혈장막의 투과성
> • 세포내액과 세포외액의 이온 농도차

⑶ 세포 내 높은 칼륨과 세포외액의 높은 나트륨 농도 형성

① 안정 시 막전압

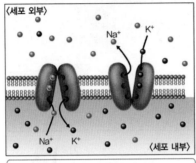

Na⁺ − K⁺ 펌프는 Na⁺과 K⁺을
농도차에 반대 방향으로 이동시킴

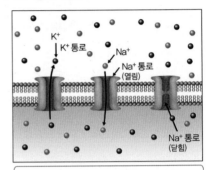

K⁺과 Na⁺은 이온 통로를 통해
농도가 높은 곳에서 낮은 곳으로 확산됨

• 나트륨 통로는 대부분 닫히고 칼륨 통로는 조금 열려 세포 안으로 유입되는 나트륨 이온보다 많은 칼륨이온이 세포 밖으로 이동
• 세포내막의 양전하 손실 초래로 안정 시 음성(−) 막전압 형성
• 확산에 의한 수동적 수송 : 칼륨이온의 세포 외 확산
• ATP에너지 사용의 능동적 수송 : 나트륨/칼륨 펌프를 통한 세포 외 나트륨 배출

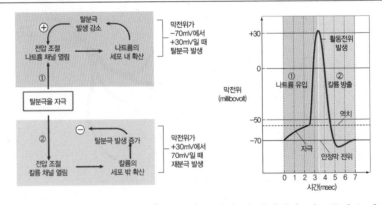

활동전위는 뉴런으로의 나트륨(Na^+) 이온이 증가할 때 발생한다. 나트륨이 뉴런에 들어가면, 세포 내의 전극은 양극을 띠게 되며 이에 따라 활동전위가 발생하게 된다. 활동전위가 발생하면, 안정막 전위 상태에서 나트륨 채널이 닫히고 칼륨 채널이 열리는 형태로 변하게 되며, 칼륨 채널이 열림으로써 칼륨이온이 세포에서 지속적으로 빠져나가게 된다.

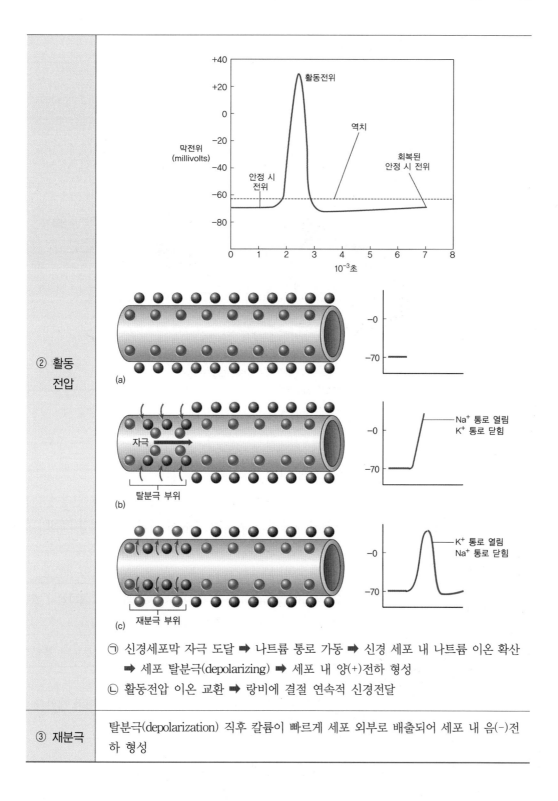

② 활동 전압	

㉠ 신경세포막 자극 도달 ➡ 나트륨 통로 가동 ➡ 신경 세포 내 나트륨 이온 확산 ➡ 세포 탈분극(depolarizing) ➡ 세포 내 양(+)전하 형성

㉡ 활동전압 이온 교환 ➡ 랑비에 결절 연속적 신경전달

③ 재분극	탈분극(depolarization) 직후 칼륨이 빠르게 세포 외부로 배출되어 세포 내 음(-)전하 형성

(3) 신경전달물질과 연접전달 2012년 39번

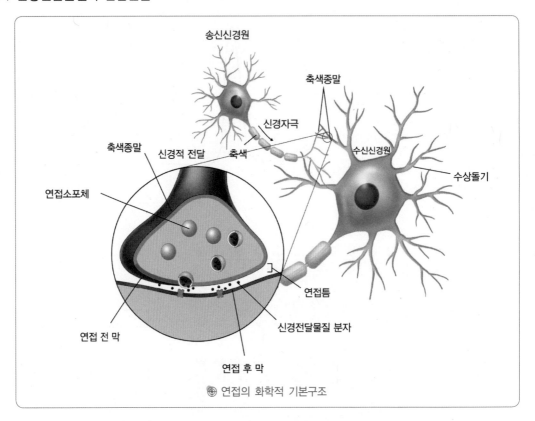

◉ 연접의 화학적 기본구조

① 연접이란 연접 전 신경의 연접말판과 연접 후 신경의 수상돌기 간 간격
② 연접 전 신경원 소포체로부터 특수 신경전달물질(화학적 전달물질)의 방출로 신경자극 전달
③ 흥분성 전달물질 방출 ➡ 세포막의 점증적 탈분극 ➡ 흥분성 연접 후 막전압(EPSP) 형성

(4) 실무율 법칙 2012년 39번 / 2022년 A 9번

① 특징		탈분극 임계치(critical value) 도달 시 나트륨 통로가 넓게 열리면서 활동전압(action potential) 또는 신경자극 형성
② 연접 후 신경원 탈분극 역치 기전	㉠ 시간가중	짧은 시간 동안 하나의 연접 전 신경으로부터 흥분성 연접 후 막전압의 합
	㉡ 공간가중	동시다발적인 흥분성 연접 후 막전압이 여러 개의 흥분 자극으로부터 연접 후 신경으로 전달
③ 아세틸콜린		㉠ 골격근의 탈분극 유도하여 골격근 수축 ㉡ 심장의 과분극 유도하여 심근이완으로 심박수 저하

03 감각정보와 반사

1. 고유수용기
(근육의 기계적 수용기)

2010년 30번 /
2012년 39번 /
2013년 38번 /
2018년 B 6번

(1) 근방추

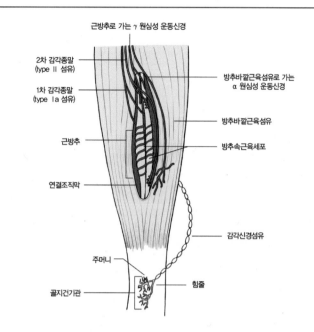

◉ 근방추와 골지건기관

1. 근방추는 근육의 신전을 감지한다.
2. 감각신경은 척수에 신호를 보낸다.
3. 감각신경은 α 운동신경과 연접해 있다.
4. α 운동신경의 자극은 근육을 수축시켜 근육 신전에 저항한다.

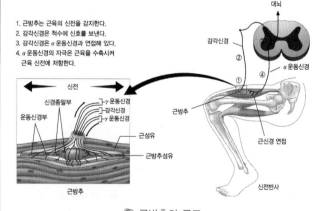

◉ 근방추의 구조

① 근 길이를 감지하여 과도한 근 길이 증가의 억제
② 감마 운동신경 지배
③ 근섬유와 평행구조
④ 대근보다 상대적으로 미세각도 조절이 요구되는 근육에서 근방추 분포 증가
⑤ 유연성 트레이닝에 의한 근방추 억제작용 감소

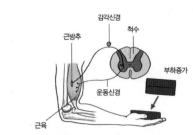

(a) 근육에 가해지는 부하가 증가한다.

(b) 팔이 아래로 처짐에 따라
근육과 근방추가 펴진다.

(c) 근방추가 팔의 위치를
원래대로 되돌리면서 반사에
의한 수축이 시작된다.

◉ 근방추에 의한 폄반사

1. 고유수용기
(근육의 기계적 수용기)

2010년 30번 /
2012년 39번 /
2013년 38번 /
2018년 B 6번

(1) 근방추

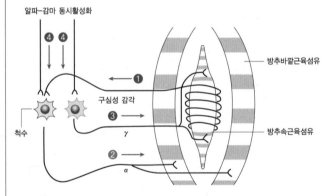

❶ 근방추의 감각신경 끝으로부터의 구심성 정보
❷ 뼈대근육(방추바깥근육섬유)로의 α-운동신경 자극
❶→❷ 폄반사경로
❸ 방추속근육섬유의 수축성 부분으로의 γ-운동신경 자극
❹ 알파-감마 운동신경 동시활성화의 하행성 경로

◉ 알파-감마 운동신경의 동시활성화

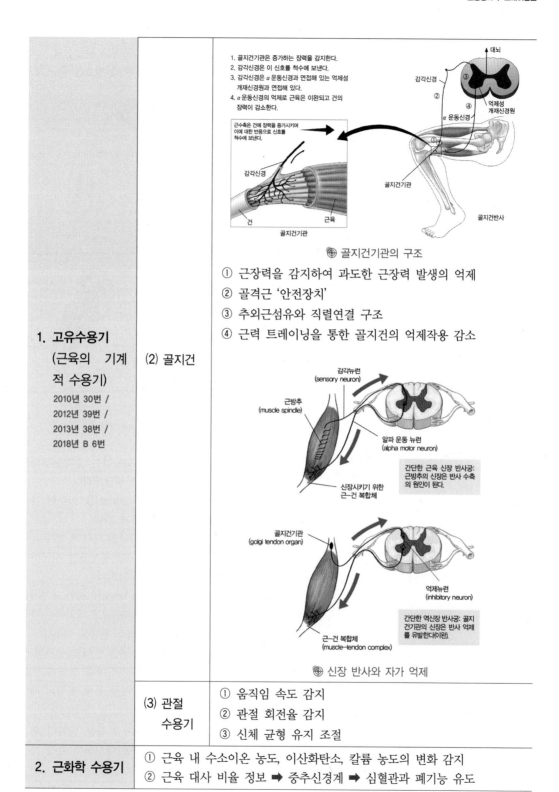

1. 골지건기관은 증가하는 장력을 감지한다.
2. 감각신경은 이 신호를 척수에 보낸다.
3. 감각신경은 α 운동신경과 연접해 있는 억제성 개재신경원과 연접해 있다.
4. α 운동신경의 억제로 근육은 이완되고 건의 장력이 감소한다.

근수축은 건에 장력을 증가시켜 이에 대한 반응으로 신호를 척수에 보낸다.

감각신경
건
근육
골지건기관

대뇌
감각신경
억제성 개재신경원
α 운동신경
골지건기관
골지건반사

◉ 골지건기관의 구조

1. 고유수용기 (근육의 기계적 수용기) 2010년 30번 / 2012년 39번 / 2013년 38번 / 2018년 B 6번	**(2) 골지건** ① 근장력을 감지하여 과도한 근장력 발생의 억제 ② 골격근 '안전장치' ③ 추외근섬유와 직렬연결 구조 ④ 근력 트레이닝을 통한 골지건의 억제작용 감소 감각뉴런 (sensory neuron) 근방추 (muscle spindle) 알파 운동 뉴런 (alpha motor neuron) 간단한 근육 신장 반사궁: 근방추의 신장은 반사 수축의 원인이 된다. 신장시키기 위한 근-건 복합체 골지건기관 (golgi tendon organ) 억제뉴런 (inhibitory neuron) 간단한 역신장 반사궁: 골지건기관의 신장은 반사 억제를 유발한다(이완). 근-건 복합체 (muscle-tendon complex) ◉ 신장 반사와 자가 억제
	(3) 관절 수용기 ① 움직임 속도 감지 ② 관절 회전율 감지 ③ 신체 균형 유지 조절
2. 근화학 수용기	① 근육 내 수소이온 농도, 이산화탄소, 칼륨 농도의 변화 감지 ② 근육 대사 비율 정보 ➡ 중추신경계 ➡ 심혈관과 폐기능 유도

	(1) 신경반사의 발달과정	① 감각신경 통증 수용기 ➡ 척수 ➡ 골격근 운동신경 ② 통증의 원인이 되는 신체를 수축하는 데 필요한 굴근 조절
3. 도피반사	(2) 상호억제 (reciprocal inhibition)	
	(3) 교차신근 반사

① 도피반사 작용이 발생 시 통증을 수용하는 감각신경세포에서 활동전위가 발생하여 척수로 전달된다.
② 자극적 개재 뉴런(excitatory interneuron)을 비롯한 감각 신경세포에서 도피반사 작용을 하게 된다.
③ 도피반사 작용이 일어나는 곳 중 하나인 자극적 개재 뉴런이 굴곡 작용을 담당하는 알파 운동신경세포를 자극하여 사지로 하여금 고통에서 벗어나도록 한다.
④ 감각신경세포의 측부 분지(collateral branch) 또한 교차신근 반사가 일어나는 곳 중 하나이며, 반대쪽으로 교차하는 자극적 개재 뉴런과 서로 연접하는 시냅스 형태를 이룬다.
⑤ 척수를 가로지르는 자극적 개재 뉴런은 반대쪽 사지의 알파 운동신경세포를 활성화하여 신전 작용을 담당하는 근육들을 수축시키고, 이렇게 도피반사를 통해 인체의 체중을 지지할 수 있게 된다.

교차신근반사는 반대쪽 사지의 근육이 부상을 입거나 혹은 부상의 영향을 받은 사지의 도피반사를 대신하는 보상 작용으로써의 역할을 수행한다. |

04 신체 운동기능

1. **체성(somatic) 운동신경**	① 척수로부터 골격근 섬유까지 신경자극 전달 ② 척수 내 알파운동신경으로 위치
2. 운동단위	 ⊕ 운동단위 ① 1개의 운동신경과 연결된 근섬유 수 ② 자극비율(innervation ratio) : 근섬유의 수를 운동신경으로 나눈 값 ③ 근육의 자극비율 크기 　㉠ 눈 근육의 자극비율 : 23/1 　㉡ 대근육의 자극비율 : 1,000/1~2,000/1
3. 크기의 원리 (size principle) 2022년 A 9번	① 운동단위의 크기순으로 순차적 동원 　㉠ 작은 저항에서 큰 저항 극복을 위하여 작은 운동단위에서 큰 운동단위의 추가적 동원 　㉡ 연속적인 추가 운동단위 동원으로 근섬유 활성 증가 ② 근력 증가 방법의 원리

05 전정기관(vestibular apparatus)

1. 신체 균형 유지

2. 운동방향 변화에 대한 정보 제공

3. 직선속도와 각속도에 관한 정보 제공

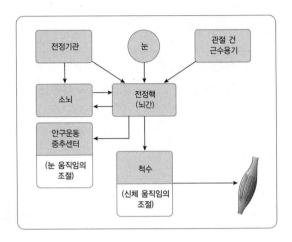

06 뇌의 운동조절

1. 뇌간	① 대사, 심폐기능, 복잡한 반사작용 조절 ② 안구운동, 근육긴장, 신체균형 조절 ③ 연수(medulla), 뇌교(pons), 중뇌(midbrain) ④ 직립자세와 정상자세 유지
2. 대뇌	① 복잡한 운동 조직 ② 학습된 경험 저장 ③ 지각정보 수용
3. 소뇌	① 복잡한 운동의 조정과 감시 ② 고유수용기에 의한 자극 수용으로 움직임 조절

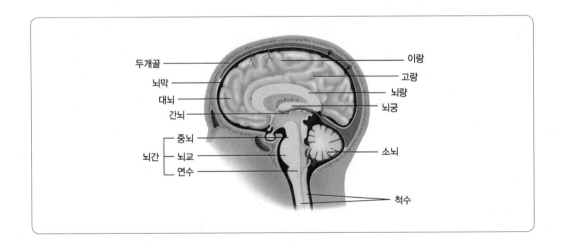

07 척수의 운동기능

1. 수의적 움직임과 척수반사	
2. 척수조율(spinal turning)	① 수의적 움직임을 위해 척수 기전은 운동에 적합한 근육활동 생성 ② 뇌에 저장된 형태 외의 움직임 수정

08 자율신경계

1. 신체 항상성 유지	① 불수의 근육과 내분비선 활동 조절 ② 심장근, 내분비선, 평활근 조절 ③ 교감신경과 부교감신경 비율에 의한 조절	
2. 자율신경계 기능	(1) 교감신경계	심박수 증가와 기관 활성
	(2) 부교감신경계	심박수 감소와 기관 활성 억제
	(3) 운동 중 부교감신경 활동 감소와 교감신경 활동 증가	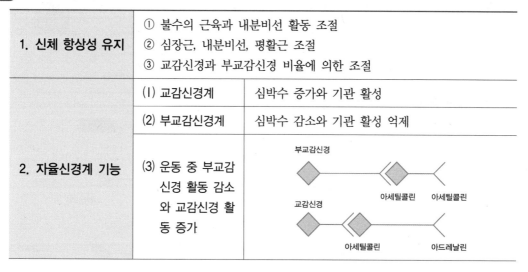

| (1) 교감신경 | 노르에피네프린 방출 ➡ 기관 활성 |
| (2) 부교감신경 | 아세틸콜린 방출 ➡ 기관 억제 |

3. 자율신경계의 신경전달물질

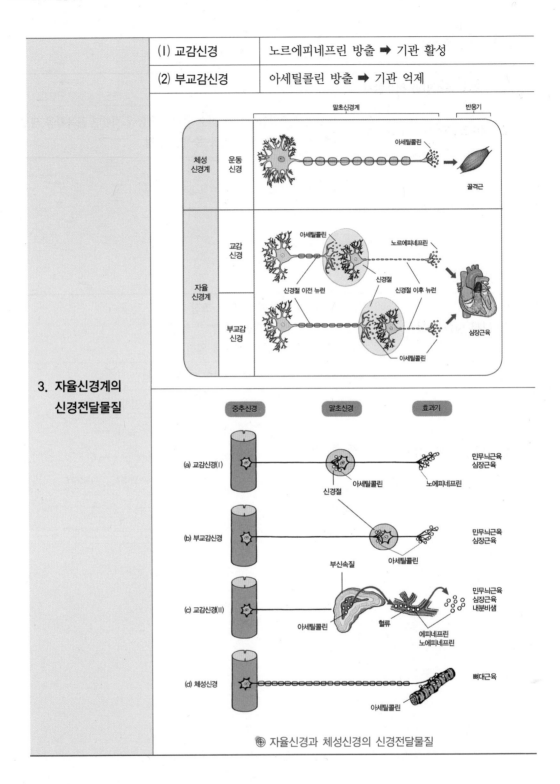

⊕ 자율신경과 체성신경의 신경전달물질

09 운동에 의한 두뇌건강 향상 2000년 5번

1. 학습 · 기억 향상

2. 새로운 신경원 형성

3. 뇌혈관 기능과 혈류 증가

4. 우울증의 생리적 기전 감소

5. 고혈압 및 인슐린 저항성 등의 말초적 위험성 감소

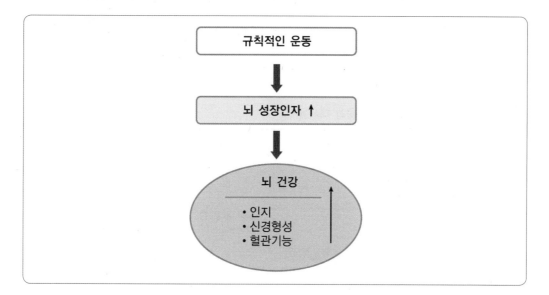

세로토닌 2021년 A 2번

10년 동안 우울증, 수면, 기분과 관련된 피로의 요인으로 뇌혈관 수축물질인 세로토닌에 대한 관심이 높아져 왔다. L-트립토판(L-tryptophan)에서 합성되는 중추신경계의 신경전달물질(neurotransmitter)인 세로토닌 (serotonin)은 장시간 운동 동안 뇌에서 활동이 증가되어 피로 지연을 초래한다는 근거가 제시되었다.

규칙적이며 적당한 운동은 우울증 환자의 기분 상태를 향상시킬 수 있지만, 오히려 과도한 지구력운동 훈련은 운동수행력 저하, 피로, 기분 상태, 수면장애, 식욕감퇴, 불안과 같은 징후를 나타내기도 한다. 중추신경계에 대한 또 다른 운동의 효과로 우울증의 치료와 예방 그리고 노화에 따른 부작용 감소를 들 수 있다. 일반적으로 우울증은 인지기능의 감소를 야기하는데, 운동은 뇌의 세로토닌 분비 수준을 증가시킴으로써 우울 증상을 감소시키고 그 결과 감소된 인지 기능을 부분적으로 회복시키는 효과가 있다. 또한, 운동은 노화과정에서 발생할 수 있는 부정적인 인체 변화에 대한 큰 저항력을 가지며, 심리적, 사회적으로도 긍정적인 효과를 나타낸다.

01 신경내분비학

1. 혈액 호르몬 농도	(1) 내분비선으로부터 호르몬 분비율	① 신경자극 ② 화학자극 Ca^{2+}, 신경전달물질 ③ 대사기질 포도당, 유리지방산, 아미노산
	(2) 호르몬 분비율과 대사율	
	(3) 혈장 내 수송 단백질의 양	
	(4) 혈장량의 변화	

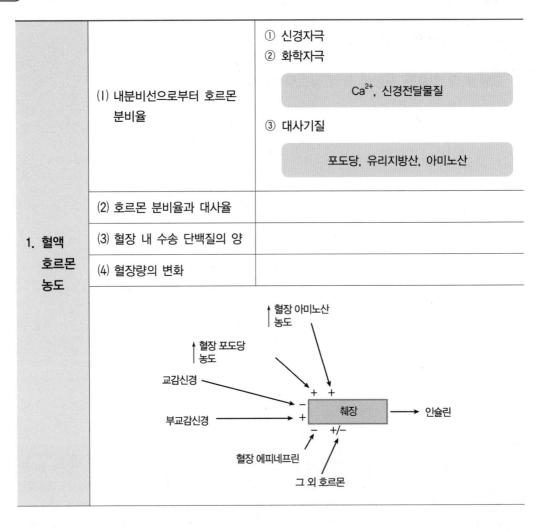

2. 호르몬과 수용기의 상호작용	(1) 호르몬 세포 활동 조절 기전	① 세포막 수송 기전의 변화 ② 특정 단백질 합성을 유발하는 핵(nucleus DNA) 자극 ③ 2차 전령의 세포 활동 촉진 **세포막을 통과하지 못하는 호르몬** 막 표면 수용기와 결합 ➡ 세포의 막 내부에 위치한 G-단백질 활성 ➡ 아데닐산염 사이클라제(adenylate cyclase) 활성 ➡ 순환성 AMP 형성 ➡ 세포 활성 **2차 전령 요구 기전** • 근육당원 분해 • 지방조직 중성지방 분해 **2차 전령의 유형** 순환성 AMP, Ca^{++} ⊕ 호르몬 세포 활동 조절 기전
	(2) 수용기 수와 호르몬	수용기의 수는 호르몬이 높은 농도로 오랫동안 노출되었을 때 감소하는 경향이 있는데, 이것은 같은 호르몬의 농도에 대한 반응이 감소되는 결과를 초래한다. 반대의 경우에 만성적으로 노출된 낮은 농도의 호르몬은 수용기 수의 증가를 유발하는데, 이때 조직은 호르몬에 대해 반응성을 커지게 한다.

02 호르몬 : 조절과 기능 2004년 12번 / 2023년 B 9번

1. 시상하부와 뇌하수체

(I) 뇌하수체 전엽	① 성장호르몬	㉠ 근육 비대 ㉡ 단백질, 지방, 탄수화물 대사와 모든 조직의 성장 ㉢ 혈장 포도당 이용 감소시키기 위한 인슐린 활성 억제 ㉣ 간에서의 포도당 합성(당신생) 증가 ㉤ 지방조직으로부터의 지방산 동원 증가
	② 난포자극호르몬	
	③ 황체호르몬	
	④ 갑상선자극호르몬	
	⑤ 부신피질자극호르몬	
	⑥ 프로락틴	

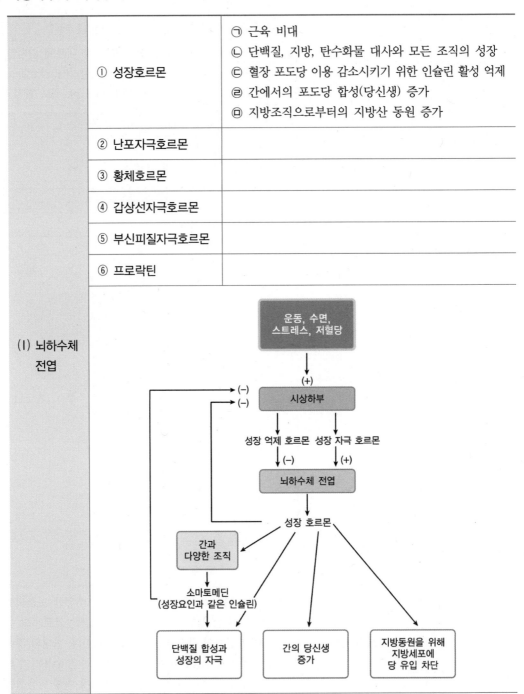

기능	수분 손실 감소와 체액 유지
기전	신장 모세혈관으로부터 수분 재흡수
자극요인	60% VO₂ max 이상 낮은 혈장량(낮은 수분 농도)

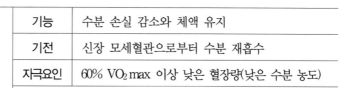

◉ 운동강도 증가에 따른 혈장 항이뇨호르몬의 변화

(2) 뇌하수체 후엽

① 항이뇨호르몬 (ADH, 바소프레신)

❶ 근육활동은 땀의 분비를 촉진시킨다.

❷ 땀의 분비는 혈장 상실을 초래하여 혈액농축과 혈액의 삼투질 농도 증가를 가져온다.

❸ 혈액 삼투질 농도의 증가는 시상하부의 삼투압수용체를 자극한다.

❹ 시상하부는 뇌하수체 후엽에 신경 자극을 보낸다.

❺ 뇌하수체 후엽은 ADH를 분비한다.

❻ ADH는 신장에 작용하여 신장 집합관의 수분 투과성을 증가시킴으로써 수분 재흡수 증가를 가져온다.

❼ 소변량의 감소는 신체 수분의 상실을 줄인다.

◉ 항이뇨호르몬의 인체 수분보존

② 옥시토신

2. 갑상선

(1) 티록신	① 기능	전반적인 대사율 결정
	② 자극요인	감소된 혈당 농도
(2) 칼시토닌	① 기능	혈장 Ca^+ 농도 유지
	② 자극요인	증가된 혈장 Ca^+ 농도

3. 부갑상선

(1) 기능	혈장 Ca^+ 농도 유지
(2) 자극요인	감소된 혈장 Ca^+ 농도
(3) 기전	뼈를 자극하여 혈장으로 Ca^+ 방출과 신장의 Ca^+ 흡수 증가

4. 부신 2010년 31번 / 2016년 B 4번

		심혈관, 호흡, 대사, 근육 등에 영양을 제공하고 혈압과 포도당 조절				
		수용기 종류	E/NE의 효과	세포막 효소	세포 내 중개물질	조직의 효과
(1) 부신 수질	① 기능	β1	E=NE	아데닐 사이클라제	↑cAMP	↑심박수 ↑당원분해 ↑지방분해
		β2	E≫NE	아데닐 사이클라제	↑cAMP	↑기관지 확장 ↑혈관 확장
		β3	NE>E	아데닐 사이클라제	↑cAMP	↑지방분해
		α1	E≥NE	포스포리파 아제 C	↑Ca^{++}	↑포스포디에스테 라아제 ↑혈관수축
		α2	E≥NE	아데닐 사이클라제	↓cAMP	β1과 β2 수용기의 반대작용 ↓인슐린 분비
	② 빠르게 작용 하는 호르몬					
	③ 교감신경계					
	④ 분비 호르몬	에피네프린, 노르에피네프린				
	⑤ 2차 전령 이용					

		⊙ 기능	수분과 혈장량 조절 (Na^+/H_2O 균형)
		ⓛ 자극요인	낮은 Na^+ 수준
(2) 부신 피질	① 알도스테론 (무기질 코티코이드)	ⓒ 기전	❶ 충분한 수분 섭취 없이 장시간 운동을 하면 탈수를 초래할 수 있다. ❷ 탈수는 혈압 저하를 가져올 수 있으며 이러한 변화는 신장에 의해 감지된다. ❸ 신장에서 레닌이 분비된다. ❹ 레닌은 간에서 분비된 앤지오텐신 단백질을 앤지오텐신 I 으로 바꾼다. ❺ 폐의 앤지오텐신 전환효소는 앤지오텐신 I 을 앤지오텐신 II 로 바꾼다. ❻ 앤지오텐신 II 는 부신피질의 알도스테론 분비를 촉진하고 혈관을 수축시켜 혈압을 증가시킨다. ❼ 알도스테론은 신장에 작용하여 Na^+ 재흡수를 증가시킨다. ❽ 소변량이 줄어든다. ⊕ 레닌-앤지오텐신-알도스테론 기전

(2) 부신 피질	① 알도스테론 (무기질 코티코이드)	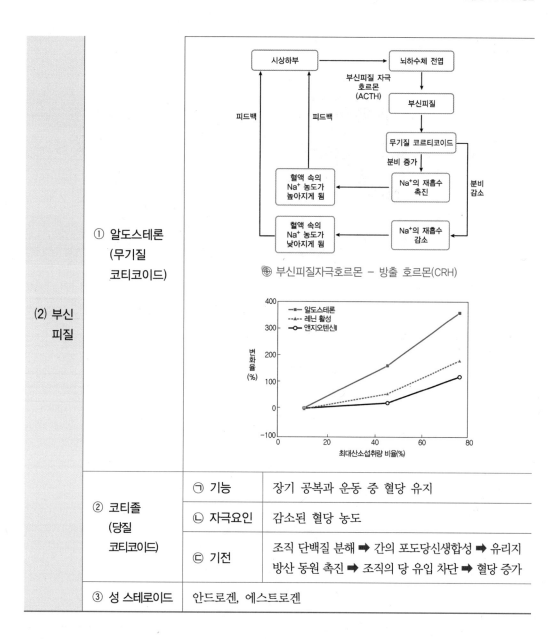 ❋ 부신피질자극호르몬 – 방출 호르몬(CRH)	
	② 코티졸 (당질 코티코이드)	㉠ 기능	장기 공복과 운동 중 혈당 유지
		㉡ 자극요인	감소된 혈당 농도
		㉢ 기전	조직 단백질 분해 ➡ 간의 포도당신생합성 ➡ 유리지 방산 동원 촉진 ➡ 조직의 당 유입 차단 ➡ 혈당 증가
	③ 성 스테로이드	안드로겐, 에스트로겐	

5. 췌장

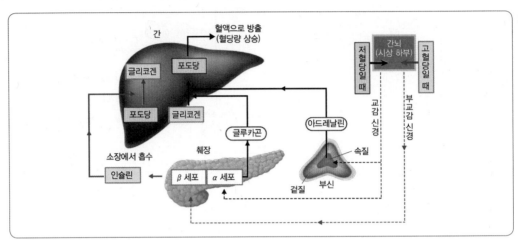

	① 분비세포	랑게르한스섬의 β세포
	② 기능	아미노산, 포도당, 지방 등의 저장
	③ 자극요인	높은 혈당 농도
(1) 인슐린	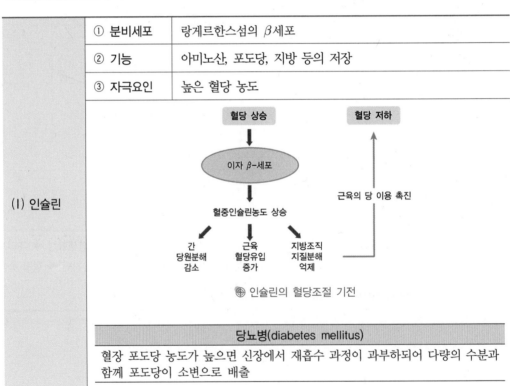	

(1) 인슐린	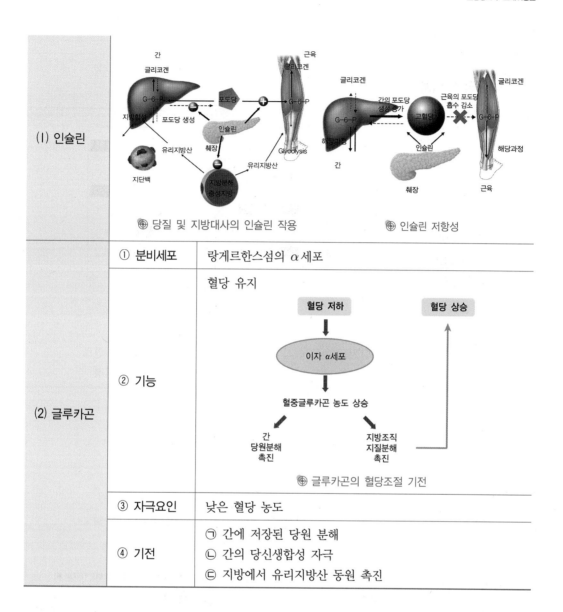	
(2) 글루카곤	① 분비세포	랑게르한스섬의 α세포
	② 기능	혈당 유지
	③ 자극요인	낮은 혈당 농도
	④ 기전	㉠ 간에 저장된 당원 분해 ㉡ 간의 당신생합성 자극 ㉢ 지방에서 유리지방산 동원 촉진

03 운동 시 기질 동원을 위한 호르몬 조절

1. 근육의 당원 이용

(1) 운동강도와 시간에 따른 당원 이용	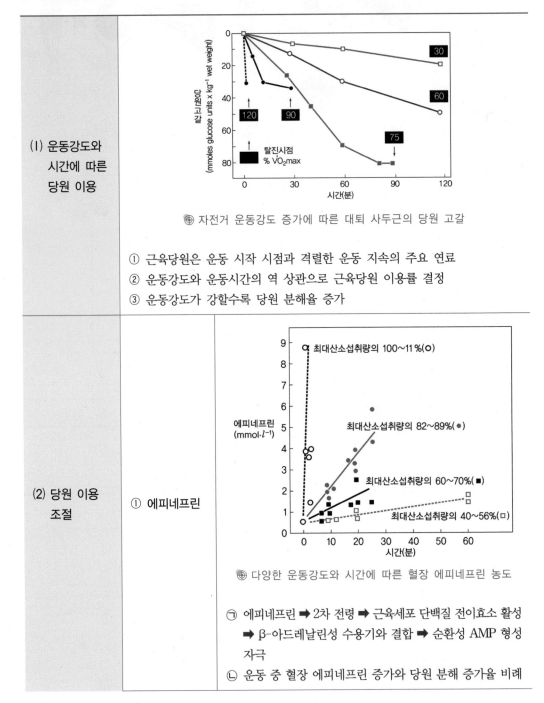 ◉ 자전거 운동강도 증가에 따른 대퇴 사두근의 당원 고갈 ① 근육당원은 운동 시작 시점과 격렬한 운동 지속의 주요 연료 ② 운동강도와 운동시간의 역 상관으로 근육당원 이용률 결정 ③ 운동강도가 강할수록 당원 분해율 증가	
(2) 당원 이용 조절	① 에피네프린	◉ 다양한 운동강도와 시간에 따른 혈장 에피네프린 농도 ㉠ 에피네프린 ➡ 2차 전령 ➡ 근육세포 단백질 전이효소 활성 ➡ β-아드레날린성 수용기와 결합 ➡ 순환성 AMP 형성 자극 ㉡ 운동 중 혈장 에피네프린 증가와 당원 분해 증가율 비례

(2) 당원 이용 조절	② 칼슘이온	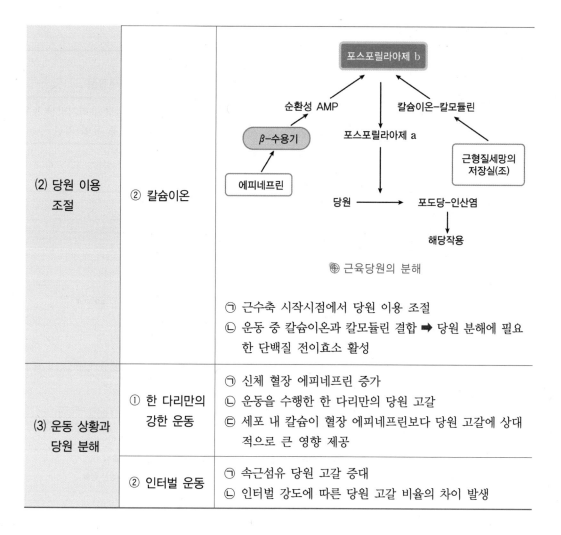 🔹 근육당원의 분해 ㉠ 근수축 시작시점에서 당원 이용 조절 ㉡ 운동 중 칼슘이온과 칼모듈린 결합 ➡ 당원 분해에 필요한 단백질 전이효소 활성
(3) 운동 상황과 당원 분해	① 한 다리만의 강한 운동	㉠ 신체 혈장 에피네프린 증가 ㉡ 운동을 수행한 한 다리만의 당원 고갈 ㉢ 세포 내 칼슘이 혈장 에피네프린보다 당원 고갈에 상대적으로 큰 영향 제공
	② 인터벌 운동	㉠ 속근섬유 당원 고갈 증대 ㉡ 인터벌 강도에 따른 당원 고갈 비율의 차이 발생

2. 운동 중 혈당 항상성 2009년 29번

혈장 포도당 농도 유지 과정(기전)	간	• 간에 저장된 당원으로부터 포도당 동원 • 간에서 아미노산, 젖산, 글리세롤로부터 포도당신생합성
	세포 조직	• 혈장 포도당 절약을 위해 지방세포 조직으로부터 혈장 유리지방산 동원 • 유리지방산을 연료로 사용하기 위해 포도당의 세포 유입 차단

(1) 서서히 작용하는 호르몬

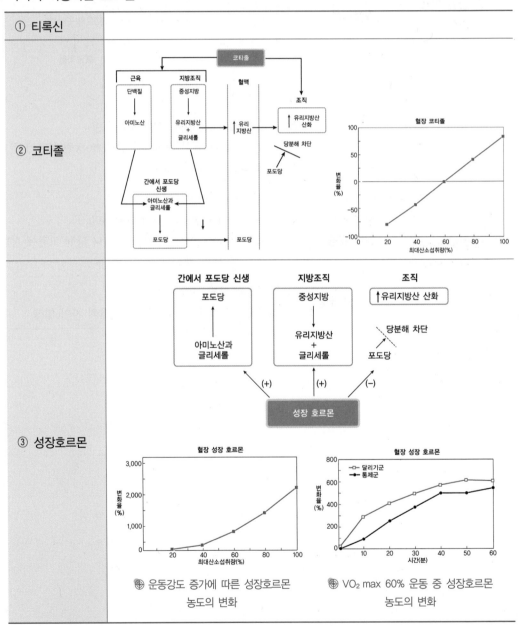

① 티록신	
② 코티졸	
③ 성장호르몬	

◉ 운동강도 증가에 따른 성장호르몬 농도의 변화

◉ VO₂ max 60% 운동 중 성장호르몬 농도의 변화

(2) 빠르게 작용하는 호르몬

① 에피네프린과
노르에피네프린

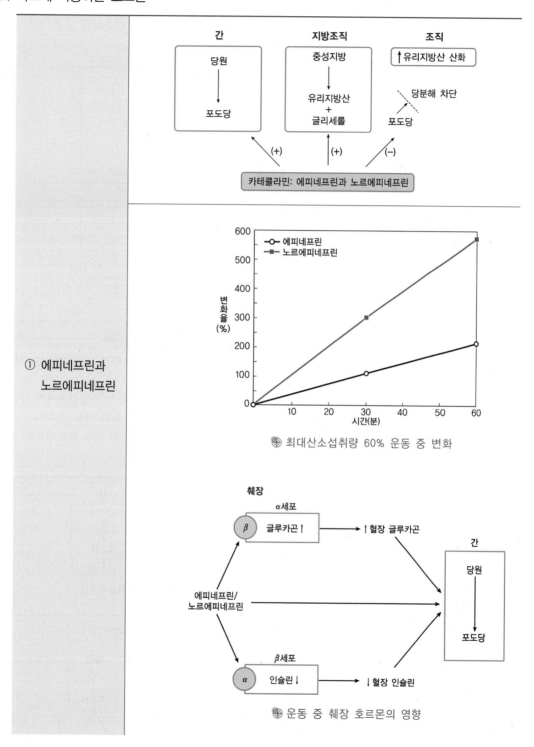

◉ 최대산소섭취량 60% 운동 중 변화

◉ 운동 중 췌장 호르몬의 영향

① 에피네프린과 노르에피네프린	㉠ 운동시간에 따른 혈장 에피네프린과 노르에피네프린의 선형적 증가 ㉡ 에피네프린은 혈장 포도당 농도 변화에 대하여 민감하게 반응 ㉢ 노르에피네프린 혈압 조절 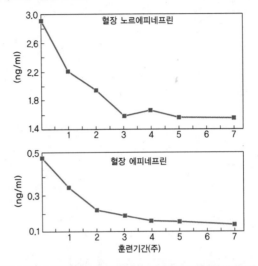 **지구성 트레이닝에 의한 부신의 적응** • 지구성 훈련은 동일 부하 운동에서 혈장 에피네프린과 노르에피네프린의 감소 유발 • 지구성 트레이닝 후 근육의 포도당 이용이 감소하여 동일강도에서 낮은 에피네프린과 노르에피네프린 수준으로 포도당 유지 가능 • 지구성 트레이닝 후 부신의 적응으로 최대강도 운동 직후 에피네프린 농도 증가
② 인슐린과 글루카곤 2017년 A 14번	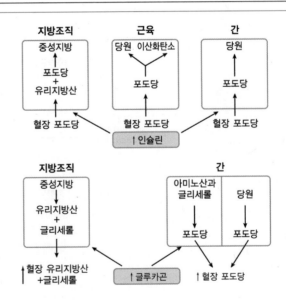

㉠ 운동 중 인슐린 감소와 기타 대사 조절 호르몬 증가 ➡ 근세포의 포도당 섭취 억제, 간으로부터 포도당 동원, 지방조직으로부터 유리지방산 동원, 간에서의 당신생 촉진 ➡ 혈당 항상성 유지

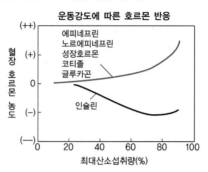

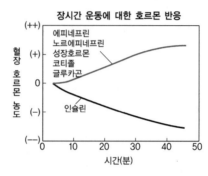

② 인슐린과
　글루카곤
　2017년 A 14번

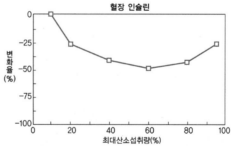

◈ 운동강도에 따른 혈장 인슐린 농도 변화

㉡ 인슐린 농도는 운동강도가 증가하는 운동 중 감소

> **장시간 최대하 운동 중 인슐린 농도가 감소하고 있다면 운동하고 있는 근육이 어떻게 휴식 시보다 7~20배 더 빠르게 포도당을 흡수할 수 있을까?**

- 운동 중 혈류의 큰 증가(10~20배)로 더 많은 포도당과 인슐린이 안정 시 이상으로 근육으로 운반
- 운동으로 인한 세포 내 칼슘이온의 증가로 근육당원 저장 촉진
- 지구성 트레이닝은 인슐린에 대한 근육의 민감도(인슐린 내성 감소)를 증가시켜 더 적은 인슐린으로 포도당의 조직 유입 가능

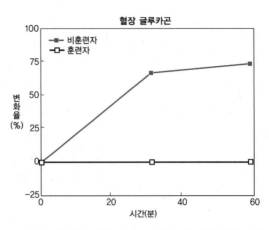

◉ 최대산소섭취량 60% 운동 중 글루카곤 변화

② 인슐린과
글루카곤
2017년 14번

지구성 운동의 적응

- 지구성 훈련 이후 고정된 운동수행에 있어 글루카곤 반응은 운동 중 감소
- 지구성 훈련으로 운동 중 인슐린과 글루카곤의 변화 거의 없이 혈장 포도당 농도 유지
- 간에서 글루카곤 민감도 증가 ➡ 근육의 혈중 포도당 흡수 감소 ➡ 근육의 지방 이용 증가

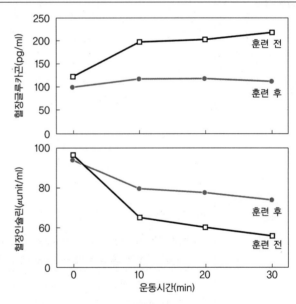

◉ 훈련 후 운동에 대한 인슐린과 글루카곤 반응

3. 호르몬과 기질의 상호작용

(1) 운동 전 포도당 섭취	① 포도당 증가 ➡ 혈장 인슐린 증가 ➡ 유리지방산 동원 감소 ➡ 근육의 부가적 근육당원 이용 ② 운동 시작 1시간 이내 고탄수화물 섭취 제한
(2) 중성지방 사용의 제한 요인	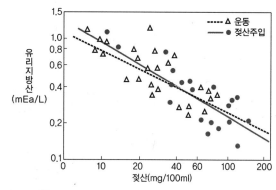 ◈ 젖산 수준에 따른 혈장 유리지방산의 변화 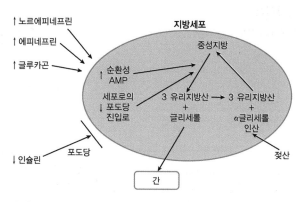 ◈ 지방세포로부터 유리지방산 동원에 대한 젖산의 효과 ① 수소이온 증가(젖산) ➡ 리파아제 억제 ➡ 지방 사용 억제 ② 고강도 운동 중 높은 젖산 수준 ➡ 중성지방 재합성 촉진 ③ 불충분한 지방조직 혈류량 ④ 유리지방산의 혈장 수송을 위한 알부민 부족

지구성 훈련의 효과

- 절대강도 운동 중 젖산 농도 감소 ➡ 지방조직으로부터 유리지방산 동원 증가 ➡ 트레이닝 후 상대적인 지방 사용 비율 증가
- 지구성 트레이닝 후 제한된 탄수화물 절약을 통한 절대강도 운동수행 지속력 향상

생체에너지학

01 생체에너지학(bioenergetics)의 기본 개념

1. 대사작용 (metabolism)	(1) 유형	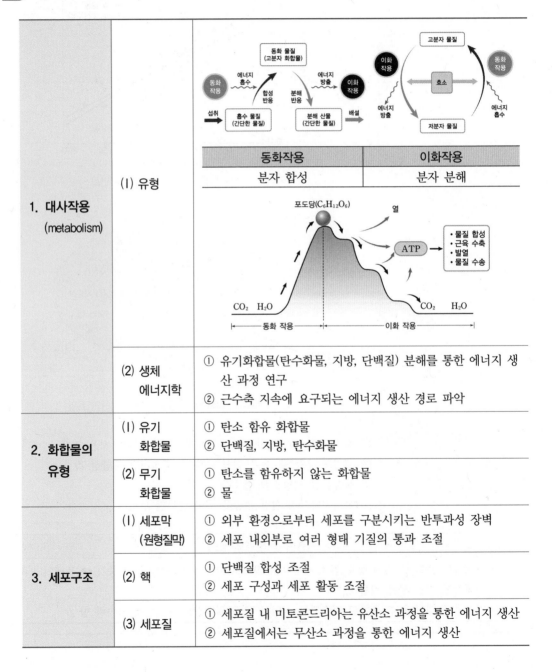 | 동화작용	이화작용 | |---|---| | 분자 합성 | 분자 분해 |
	(2) 생체 에너지학	① 유기화합물(탄수화물, 지방, 단백질) 분해를 통한 에너지 생산 과정 연구 ② 근수축 지속에 요구되는 에너지 생산 경로 파악
2. 화합물의 유형	(1) 유기 화합물	① 탄소 함유 화합물 ② 단백질, 지방, 탄수화물
	(2) 무기 화합물	① 탄소를 함유하지 않는 화합물 ② 물
3. 세포구조	(1) 세포막 (원형질막)	① 외부 환경으로부터 세포를 구분시키는 반투과성 장벽 ② 세포 내외부로 여러 형태 기질의 통과 조절
	(2) 핵	① 단백질 합성 조절 ② 세포 구성과 세포 활동 조절
	(3) 세포질	① 세포질 내 미토콘드리아는 유산소 과정을 통한 에너지 생산 ② 세포질에서는 무산소 과정을 통한 에너지 생산

02 생물학적 에너지 전환

1. 세포의 화학적 반응	(1) 연결반응	① 세포 내부에서 하나의 반응으로 유리된 자유에너지로 다음 반응 추진 ② 에너지 생산반응은 에너지 소비반응 유도
	(2) 산화-환원 반응	 ① 반응 유형 | 산화(oxidation)	환원(reduction) | |---|---|
• 분자와 원자의 전자 제거 과정 • 수소원자 제거 과정	• 분자와 원자의 전자 추가 과정 • 수소원자 추가 과정 | ② 산화와 환원 형태 | 산화(oxidation)	환원(reduction) | |---|---|
NAD, FAD	NADH, FADH	
2. 효소 (enzyme)	(1) 기능	① 인체 내 세포의 화학반응 속도 조절 ② 촉매반응 활성화 에너지 감소 ➡ 세포 화학반응 속도 조절 ➡ 에너지 산출 비율 증가

		효소 형태	대표 효소	효소반응
2. 효소 (enzyme)	(2) 효소의 분류	인산화 그룹 활성화	크레아틴키나아제	ADP + Pi ↔ ATP
		산화환원효소	젖산염 탈수소효소	젖산염 + NAD ↔ 피루빅염 + NADH + H
		가수분해효소	리파아제	중성지방 + $3H_2O$ ➡ 글리세롤＋3지방산
	(3) 효소 기능의 영향 요인			

03 운동 에너지원 2012년 27번

<table>
<tr><td rowspan="8">1. 탄수화물</td><td rowspan="2">(1) 특징</td><td colspan="3">① 신체에서 가장 빠르게 에너지를 제공하는 연료
② 탄소, 수소, 산소로 구성
③ 탄수화물 1g당 약 4kcal 에너지 방출</td></tr>
<tr><td colspan="3">④ 운동 중 근육세포와 간의 당원 분해(gycogenolysis) 과정으로 근수축 에너지 형성</td></tr>
<tr><td rowspan="3">(2) 형태</td><td colspan="2">① 단당류(monosaccharides)</td><td>포도당(혈당, 글루코스)</td></tr>
<tr><td colspan="2">② 이당류(disaccharides)</td><td></td></tr>
<tr><td colspan="2">③ 다당류(polysaccharides)</td><td>당원(글리코겐)</td></tr>
<tr><td rowspan="3">(3) 기능</td><td colspan="3">① 에너지 공급</td></tr>
<tr><td colspan="3">② 중추신경 에너지원</td></tr>
<tr><td colspan="3">③ 지방대사 가동 에너지원</td></tr>
<tr><td rowspan="13">2. 지방</td><td rowspan="3">(1) 특징</td><td colspan="3">① 탄수화물보다 산소에 대한 높은 탄소비율 구조</td></tr>
<tr><td colspan="3">② 지방 1g당 약 9kcal 에너지 방출</td></tr>
<tr><td colspan="3">③ 장시간 운동에 적합한 에너지원</td></tr>
<tr><td rowspan="7">(2) 형태</td><td rowspan="2">① 중성지방
(triglyceride)</td><td colspan="2">㉠ 지방세포 저장</td></tr>
<tr><td colspan="2">㉡ 골격근 세포 저장</td></tr>
<tr><td rowspan="2">② 지방산
(fatty acid)</td><td colspan="2">㉠ 신체 내 중성지방 형태로 저장</td></tr>
<tr><td colspan="2">㉡ 근육 에너지원</td></tr>
<tr><td>③ 글리세롤
(glycerol)</td><td colspan="2">간에서 포도당신생합성</td></tr>
<tr><td rowspan="1">④ 인지질
(phospholipid)</td><td colspan="2">㉠ 세포막 구성
㉡ 신경세포 주위 절연체 형성</td></tr>
<tr><td>⑤ 스테로이드
(steroid)</td><td colspan="2">㉠ 세포막 구성
㉡ 성호르몬인 에스트로겐, 프로게스테론, 테스토스테론 합성</td></tr>
<tr><td rowspan="3">(3) 기능</td><td colspan="3">① 에너지 공급</td></tr>
<tr><td colspan="3">② 체내 기관 보호</td></tr>
<tr><td colspan="3">③ 체온 유지</td></tr>
<tr><td rowspan="9">3. 단백질</td><td rowspan="2">(1) 특징</td><td colspan="3">① 신체 조직, 효소, 혈중 단백질 형성</td></tr>
<tr><td colspan="3">② 단백질 1g당 약 4kcal 에너지 방출</td></tr>
<tr><td rowspan="2">(2) 운동 중 이용</td><td colspan="2">① 알라닌(alanine)</td><td>간에서 포도당으로 전환되어 당원 합성</td></tr>
<tr><td colspan="3">② 근육세포 내 대사 매개물질로 전환</td></tr>
<tr><td rowspan="5">(3) 기능</td><td colspan="3">① 에너지 공급</td></tr>
<tr><td colspan="3">② 조직 합성</td></tr>
<tr><td colspan="3">③ 혈장 단백질과 호르몬 합성</td></tr>
<tr><td colspan="3">④ 수분 조절</td></tr>
<tr><td colspan="3">⑤ 산-염기 평형 조절</td></tr>
</table>

04 고에너지 인산염 : 아데노신 3인산(adenosine triphosphate, ATP) ^{2012년 39번}

$$ATP \xrightarrow{ATPase} ADP + Pi + 에너지$$

1. 근수축을 위한 즉각적인 에너지원

2. ATPase 효소에 의해 분해되어 방출되는 에너지로 근수축

3. 탄수화물, 단백질, 지방대사를 통한 ATP 생성

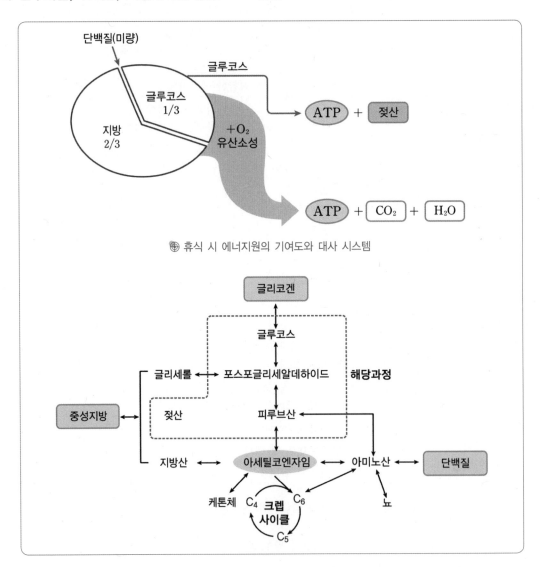

⊛ 휴식 시 에너지원의 기여도와 대사 시스템

구분	인원질 시스템	젖산 시스템	유산소성 시스템
음식/화학적 연료	크레아틴염	글리코겐	글리코겐, 지방, 단백질
산소 사용 여부	×	×	○
반응속도	가장 빠름	빠름	느림
상대적 ATP 생성량	매우 적음	매우 적음	많음

05 생체에너지학 1999년 4번 / 2004년 12번 / 2011년 2차 4번 / 2018년 B 5번

1. 무산소성 과정

(1) ATP-PC 시스템 (인원질 시스템)	$$PCr \xrightarrow{\text{creatine kinase}} Pi + Creatine + 에너지$$ $$ADP + Pi \longrightarrow ATP$$ ① 운동 시작과 함께 크레아틴키나아제에 의한 ATP 생성 ② 근육세포 PC의 저장 제한으로 제한적 ATP 생산 ③ 운동 시작과 5초 이내 고강도 운동에서 근수축에 필요한 절대적 에너지 제공 과정 ④ 운동 종료 후 PC 보충 ⑤ 50m 달리기, 높이뛰기, 역도경기, 미식축구, 10m 달리기 등의 짧고 강한 운동에서 요구되는 에너지의 주도적 생산과정 ⑥ PC 고갈에 의한 짧고 강한 운동 제한 ⑦ 크레아틴 섭취로 운동능력 향상 가능
(2) 젖산 시스템 (해당과정)	① 포도당 또는 당원 분해로 젖산 또는 피루브산 형성 ② 근형질 내에서 포도당 한 분자당 2개의 순수한 ATP와 피루브산 또는 젖산 2분자 생산 ③ 포도당 연료 2ATP, 당원 연료 3ATP 생산 ④ 적정량의 NAD에 의한 수소 수송으로 해당작용을 통한 에너지 생산 가능 ⑤ 산소가 충분하면 NADH가 미토콘드리아로 이동하여 유산소성 ATP를 생산하고, 산소가 불충분하면 피루브산은 수소이온과 결합되어 젖산 형성

(2) 젖산 시스템 (해당과정)	♡ 운동과 젖산	
	젖산역치 (무산소성 역치, 환기역치, OBLA)	젖산 축적이 가속화되는 시점의 강도 또는 산소소비량
	① 무산소성 역치 이상 강도의 지속 운동	• 수소이온 증가 ➡ pH 감소 ➡ 조직 수준 산성화 ➡ 탈진 • 수축 기전 칼슘과 트로포닌의 결합을 방해하여 근수축 활동 저해 • 에너지 대사 해당효소(PFK) 작용 억제에 의한 ATP 생성 저하
	② 조직 수준의 산–염기 평형	• 화학적 완충물질(중탄산염, 인산염, 단백질) • 호흡성 환기 • 신장
	③ 운동 후 젖산 제거	• 대부분 산화되어 이산화탄소와 물로 전환 • 글리코겐 전환 • 단백질 전환 • 땀과 신장에서 배출

2. 유산소성 과정(산화적 인산화) 2013년 28번 / 2016년 A 14번

미토콘드리아

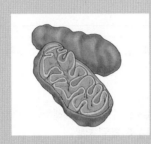

1894년에 알트만(Altman)이 최초로 발견하였다. 이중막으로 된 얇고 긴 모양을 하고 있으며 0.5~10μm 크기의 직경을 갖는다. 내막은 심한 굴곡의 주름 또는 관 모양의 크리스테(Cristae) 구조를 형성하고 있다. 세포 에너지 생산 공장으로 설명되기도 하는데 이는 미토콘드리아에서 세포에 필요한 대부분의 세포 에너지인 아데노신 삼인산(ATP)이 생성되기 때문이다. 세포에 필요한 에너지를 공급할 뿐만 아니라 신호 전달, 세포 분화, 세포 사멸 등과 같은 다양한 조절에 관여한다.

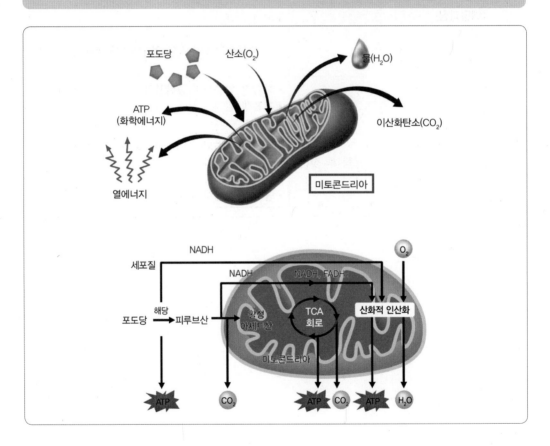

(1) 크렙스 회로	① 미토콘드리아 내 크렙스 회로 반응 촉진의 효소 활성 ② 산소가 있을 경우 해당작용에서 분해된 포도당 분자 ➡ 아세틸조효소 (acetyl-CoA)로 전환 ③ 대사과정 기질로부터 수소이온 제거를 통한 에너지 발생 ④ 이산화탄소와 전자 생산 ⑤ 베타 산화작용(beta oxidation) 미토콘드리아 내 지방산 산화 ➡ 아세틸-CoA 형성 ➡ ATP 생성
(2) 전자전달체계 (호흡체계, 시트로크롬)	① 크렙스 회로에 의해 형성된 NADH와 FADH를 통하여 많은 양의 전자 수용과 미토콘드리아 내막 외 배출로 많은 양의 에너지 생산 ② 산소는 전자를 수용하여(수소이온과 결합) 물(H_2O) 형성

⦿ 산화적 인산화의 단계

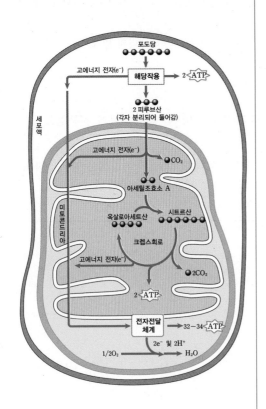

- **해당작용**

  세포액의 6탄당이 2ATP와 고에너지 전자를 방출하는 2개의 3탄소 피루브산으로 분해된다.

- **크렙스 회로**

  해당작용에 의해 생성된 3탄소 피루브산이 각각 미토콘드리아로 들어간다. 각각은 탄소를 잃고 (CO_2를 생성하며) 조효소와 결합해 2탄소 아세틸조효소 A(아세틸 CoA)를 형성한다. 더 높은 에너지의 전자들이 방출된다.

- 각 아세틸조효소 A는 4탄소 옥살로아세트산과 결합해 6탄소 시트르산을 형성한다. 각 시트르산에 대해, 일련의 반응이 2탄소를 제거하고($2CO_2$를 생성하며), 1ATP를 합성하고, 더 높은 에너지의 전자를 방출한다.

- **전자전달체계**

  운반 분자가 고에너지 전자를 일련의 전자에 전달해 대부분의 남은 에너지를 ATP 분자로 옮기게 된다. 이 전자들은 최종적으로 수소 이온 및 산소 원자와 결합해 물을 형성한다. 이 마지막 단계에서 산소가 최종 전자 수용체로서 기능하는 것은 왜 이 전반적인 과정이 호기성 호흡이라고 불리는지를 설명한다.

해당작용이 세포액에서 발생하고 산소를 요구하지 않는다. 산화적 인산화(유산소성 대사라고도 불림)는 미토콘드리아에서 발생하고 산소를 요구한다. 유산소성 대사의 과정은 아세틸조효소 A의 두 분자를 형성하기 위해 미토콘드리아로 들어가는 피루브산의 두 분자를 생성하는 해당작용과 함께 시작한다(피루브산염으로도 불림). 아세틸조효소 A는 이후 미토콘드리아 모체(예 중심) 안에 크렙스 회로에서 산화를 겪는다. 유산소성 대사의 최종 결과물은 APT, 열, 이산화탄소(CO_2), 물(H_2O)을 포함한다.

출처 : Lewis, Ricki, Shier, David N., and Butler, Jackie L. Hole'd Human Anatomy and Physiology. McGraw-Hill Education, 2015.

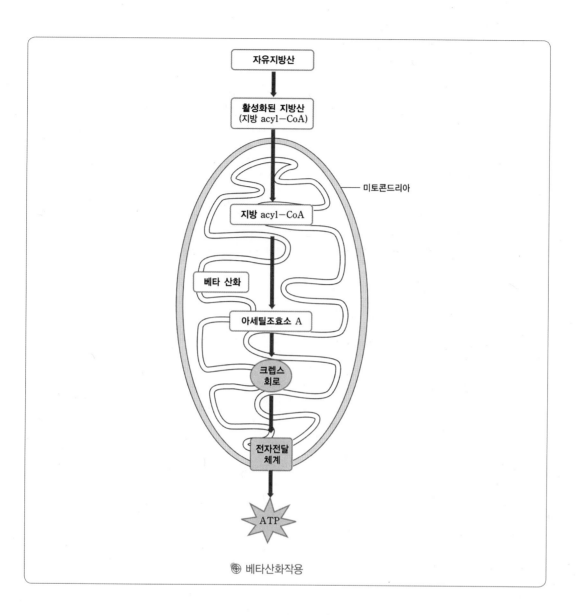

⊕ 베타산화작용

3. 1개의 포도당 분해에 따른 ATP의 계산

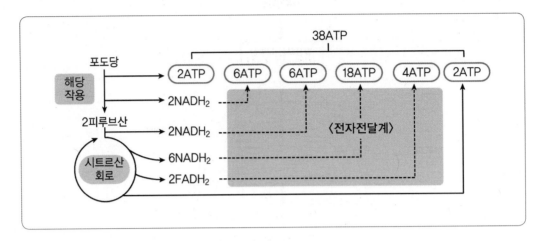

대사적 과정	고에너지 생산	ATP의 형성	ATP 소계
해당과정	2ATP	–	2(무산소성일 때)
	2NADH*	5	7(유산소성일 때)
acetyl-CoA	2NADH	5	12
크렙스 사이클	2GTP	–	14
	6NADH	15	29
	2FADH**	3	32
			총계 : 32ATP

06 생체에너지 조절 2023년 A 10번 / 2025년 A 11번

대사경로	속도조절 효소	자극물질	억제물질
ATP-PC 시스템 해당작용 크렙스 사이클 전자전달체계	크레아틴키나아제(CK) 인산과당 분해효소(PFK) 탈수소효소 산화효소	ADP AMP, ADP, Pi, PH↑ ADP, Ca^{++}, NAD ADP, Pi	ATP ATP, CP, 시트르산염, PH↓ ATP, NADH ATP

1. ATP-PC 체계 조절	크레아틴키나아제 (creatine kinase)	① 근형질 ADP 농도 증가하면 촉진, ATP 높으면 제한 ② ATP 농도 증가 ➡ ADP 농도 감소 ➡ 크레아틴키나아제 활동 제한
2. 해당작용 조절	(1) 인산과당 분해효소 (PFK)	① 운동 시작 ➡ ADP + Pi 증가 ➡ PFK 활동 증가 ➡ 해당작용 속도 증가 ② 휴식 ➡ ATP 수준 증가 ➡ PFK 활동 제약 ➡ 해당작용 속도 감소 ③ 세포 내 수소이온 증가(PH 감소) ➡ PFK 활동 제한 ➡ 해당작용 속도 감소
	(2) 가인산 분해효소 (phosphorylase)	① 당원을 포도당으로 분해하여 해당작용 과정으로 제공 ② 근형질 칼슘 농도 증가 ➡ 가인산 분해효소 활성 ➡ 당원을 포도당으로 분해 ➡ 해당작용 속도 증가 ③ 고강도 운동 ➡ 높은 수준의 에피네프린 ➡ 순환성 AMP 형성 ➡ 가인산 분해효소 활성
3. 크렙스 회로와 전자전달체계 조절	(1) 탈수소효소 (isocitrate dehydrogenase)	① 미토콘드리아 내의 칼슘, ADP, NAD 증가 ➡ 탈수소효소 활성 ➡ 크렙스 회로 속도 증가 ② ATP 증가 ➡ 탈수소효소 억제 ➡ 크렙스 회로 속도 감소
	(2) 산화효소 (cytochrome oxidase)	① ADP, Pi 증가 ➡ 산화효소 활성 ➡ 전자전달체계 속도 증가 ② 운동 종료에 따른 ATP 증가 ➡ 산화효소 억제 ➡ 전자전달체계 속도 감소

07 유산소성 및 무산소성 ATP 생산의 상호작용

1. 단시간 고강도 운동	(1) 100m 달리기	90% 이상 무산소성 체계에 의한 에너지 공급
	(2) 400m(약 55초) 달리기	① 70~75% 무산소성 체계에 의한 에너지 공급 ② PC의 제한된 저장량으로 해당작용에 의한 지배적 에너지 공급
2. 장시간 운동	마라톤 (42.195km)	최대하 지속운동에서 유산소성 과정에 의한 지배적 에너지 공급 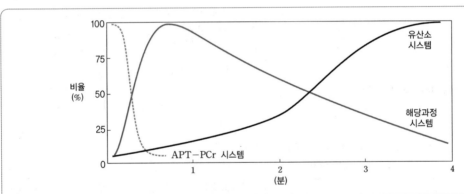

	운동 지속 시간								
	10초	30초	60초	2분	4분	10분	30분	60분	120분
무산소 시스템(%)	90	80	70	60	35	15	5	2	1
유산소 시스템(%)	10	20	30	40	65	85	95	98	99

◉ 운동시간에 따른 ATP 생성에 관여하는 에너지 시스템의 기여도

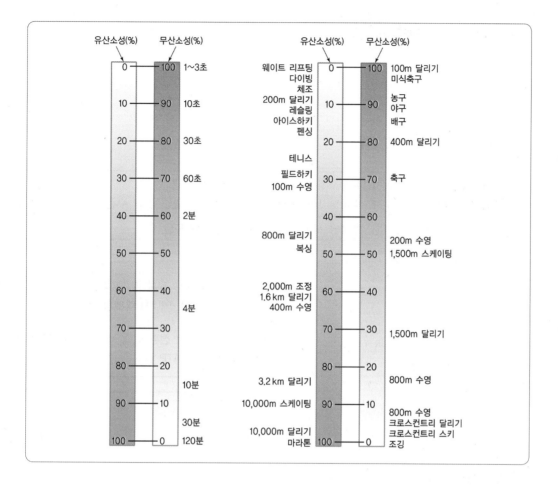

01 안정에서 운동으로 전환

1. 안정 시 에너지소비량	① 유산소성 대사작용에 의한 ATP 공급 ② 리터당 1millimoles 이하의 일정한 혈중 젖산 수준 유지	
2. 안정에서 저강도, 중강도(최대하 젖 산역치 이하 강도) 운동으로 전환	(1) 1~4분 사이 산소 섭취의 항정상태 도달	
	(2) ATP 생성	① 운동 초기 ATP–PC 체계 ➡ 해당작용 ➡ 유산소성 에너지 체계(항정상태) ② 안정에서 운동으로 전환할 때 세 가지 에너지 체계의 상호작용으로 ATP 생성 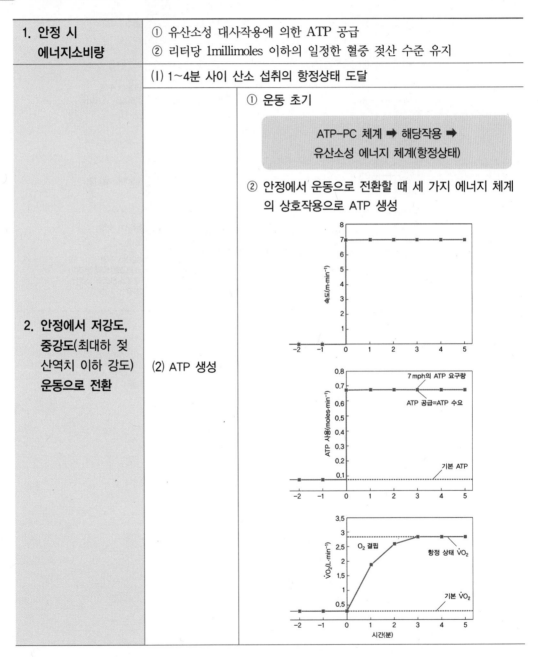

3. 산소결핍 (oxygen deficit) 2010년 30번 / 2011년 27번 / 2013년 38번	(1) 정의	① 운동 초기 산소 섭취 지연에 따른 현상으로 운동 시작 직후 몇 분 동안 산소섭취량과 항정상태 산소섭취량 간 차이 발생 ② 운동 초기 운동강도와 비례하는 산소섭취량 수준 미달
	(2) 의미	① 운동 시작 초기 무산소성 과정에 의한 ATP 생산 ② 미토콘드리아에서 유산소성 대사에 의한 ATP 생산 지연 ③ '대사적 관성(inertia of metabolism)' ④ 미토콘드리아 전자전달계에서 전자를 받아들이는 시간까지 시간 지연 발생
	(3) 지구성 트레이닝에 의한 산소결핍 감소	 ① 트레이닝 적응으로 절대동일강도 운동 중 항정상태 도달 시간 감소, 즉 **빠른 항정상태 도달** ② 심혈관계와 근조직의 적응으로 유산소성 에너지 생성능력 증진 ③ 트레이닝 후 운동 초기 유산소성 ATP 생산이 빠르게 진행되어 절대동일강도 운동 중 젖산 감소

---

02 운동 후 회복기: 대사적 반응 <small>2020년 A 7번 / 2025년 A 11번</small>

1. 힐(Hill)의 산소부채(oxygen debt), 운동 후 안정상태보다 초과된 회복기 산소섭취량(EPOC)

(1) 빠른 영역 (2~3분)	① 운동 후 산소섭취량의 빠른 감소	
	② 초과된 산소 역할	㉠ 근육 ATP와 PC 재합성 ㉡ 혈액 헤모글로빈과 조직 마이오글로빈 산소 보충
(2) 느린 영역 (30분 이상 지속)	① 운동 후 산소섭취량의 느린 감소	
	② 초과된 산소 역할	㉠ 젖산의 포도당 전환 ➡ 유산소 ATP 생산, 즉 산화적 인산화 ㉡ 젖산 제거
(3) 전체 영역	초과된 산소 역할	㉠ 상승된 체온 감소 ㉡ 상승된 호흡과 심박수 감소 ㉢ 상승된 혈중 에피네프린과 노르에피네프린 감소

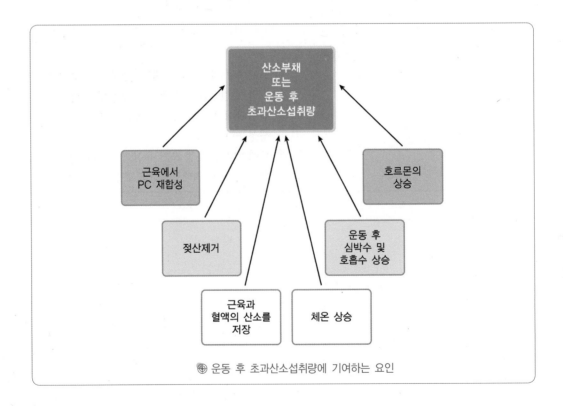

◉ 운동 후 초과산소섭취량에 기여하는 요인

2. 운동강도와 대사반응의 관계

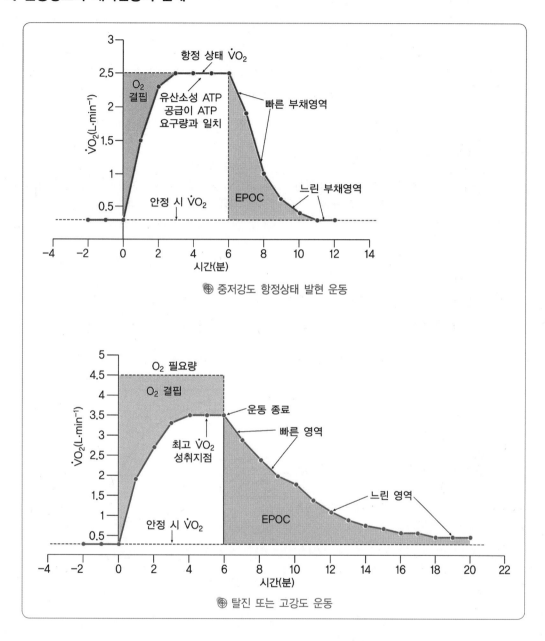

⊕ 중저강도 항정상태 발현 운동

⊕ 탈진 또는 고강도 운동

(1) 운동강도	① 운동강도와 운동 후 상승된 대사율의 규모와 지속시간 비례 ② 고강도 운동 중 높은 산소섭취량으로 회복기에도 높은 산소섭취량의 장시간 유지	
(2) 운동강도와 초과산소 섭취량	① 초과산소섭취량의 차이 발생 원인	체온, 고갈된 PC, 에피네프린과 노르에피네프린의 혈중 농도
	② 운동강도와 초과산소섭취량 비례	㉠ 주위 환경(실내온도/상대습도 등)과 운동시간이 동일하다고 가정할 때 고강도 운동은 저강도 운동보다 높은 체온 상승 ㉡ 고강도 운동에 의한 PC 고갈과 회복기 PC 재합성을 위한 추가적인 산소 요구 ㉢ 고강도 운동 중 혈중 에피네프린, 노르에피네프린 증가 ㉣ 고강도 운동 중 젖산 농도 증가
(3) 지구성 트레이닝 후 변화	① 절대동일강도 운동	산소결핍 감소와 운동 후 회복기 초과산소섭취량 감소
	② 최대강도 운동	산소결핍 증가와 운동 후 회복기 초과산소섭취량 증가
(4) 운동 후 젖산 제거 2020년 A 7번	① 운동 후 젖산의 산화	젖산 ➡ 피루브산 ➡ 심장과 골격근 기질로 이용
	② 회복기 가벼운 운동	 ㉠ 젖산의 빠른 제거 ㉡ 활동근 젖산 산화 증진 ㉢ 적정 강도 : 30~40% VO_2 max

03 운동에 따른 대사적 반응 : 운동강도와 지속시간의 영향

1. 단시간 고강도 운동

(1) 10초 내 단시간 고강도 운동 50m 달리기, 축구경기 단독플레이	주로 무산소성 대사경로에 의한 에너지 생산	
(2) 55초 이내 주파되는 전력 질주 400m 달리기	① ATP-PC 체계, 해당작용, 유산소성 대사가 모두 사용되나 주로 해당작용에 의한 에너지 생산 ② 6초 이상 전력 질주 유지가 요구되는 운동은 해당작용에 의한 에너지 생산 의존성 증가	
(3) 1분~3분 운동	① 2분 이상 유지되는 운동	무산소성과 유산소성 과정에 의한 5:5 비율 에너지 생산
	② 약 60초 동안 유지되는 격렬한 운동	무산소성과 유산소성 과정에 의한 7:3 비율 에너지 생산

2. 장시간 운동

(1) 장시간 운동 10분 이상~마라톤	① 주로 유산소성 대사에 의한 에너지 생산 ② 최대하 운동(젖산역치 이하 강도) 중 산소섭취량의 항정상태 유지
(2) 항정상태 유지 불가능 조건	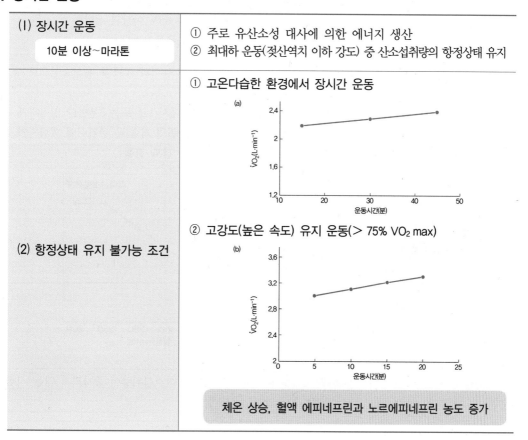

① 고온다습한 환경에서 장시간 운동

② 고강도(높은 속도) 유지 운동(> 75% VO₂ max)

체온 상승, 혈액 에피네프린과 노르에피네프린 농도 증가

3. 점증부하 운동 2009년 2차 3번 / 2011년 30번 / 2019년 A 13번

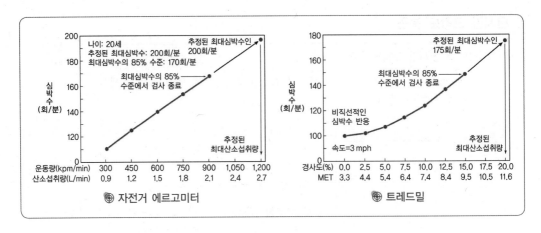

(1) 점증부하 운동검사	① 측정변인	심박수, 혈압, 심전도, 운동자각도(RPE)
	② 최대산소섭취량 도달기준	㉠ 운동 중 8mmoles/L 이상의 젖산 농도 ㉡ 1.10 이상의 호흡교환율 ㉢ 최대심박수 85% 이상의 심박수 ㉣ 19 이상의 운동자각도
(2) 최대산소섭취량 (VO₂ max) 측정	① 운동 중 산소 운반의 심폐계 최대 능력과 ATP를 유산소성으로 생산하는 근육 최대 능력 측정 ② 트레드밀이나 자전거 에르고미터에서 1분 또는 3분마다 일정하게 운동량(트레드밀의 속도, 경사도, 바퀴의 저항)을 증가시켜 피험자가 운동을 더 이상 할 수 없을 때까지 검사 진행

(2) 최대산소섭취량 (VO₂ max) 측정 표 내부:

최대산소 섭취량	파워가 증가되어도 산소섭취량이 증가되지 않는 시점의 산소섭취량

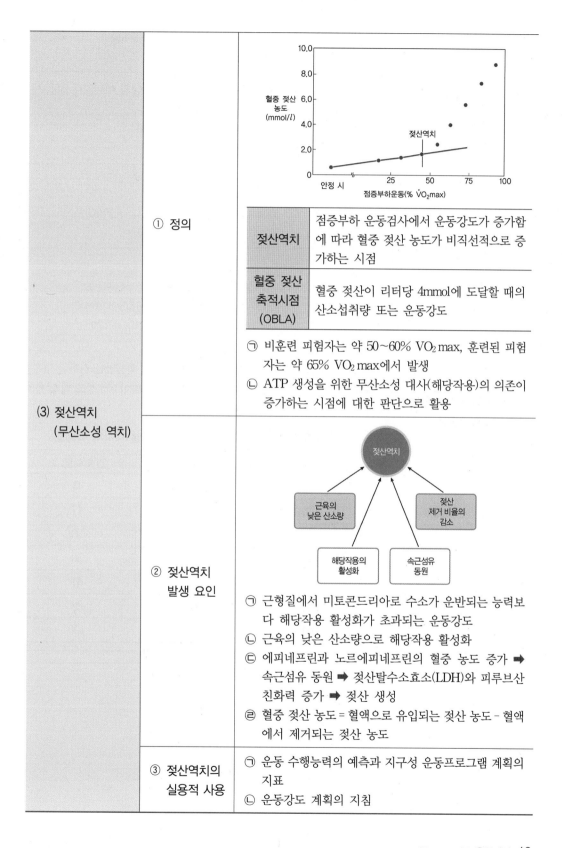

	젖산역치	점증부하 운동검사에서 운동강도가 증가함에 따라 혈중 젖산 농도가 비직선적으로 증가하는 시점
① 정의	혈중 젖산 축적시점 (OBLA)	혈중 젖산이 리터당 4mmol에 도달할 때의 산소섭취량 또는 운동강도

(3) 젖산역치 (무산소성 역치)

① 정의

  ㉠ 비훈련 피험자는 약 50~60% VO_2 max, 훈련된 피험자는 약 65% VO_2 max에서 발생
  ㉡ ATP 생성을 위한 무산소성 대사(해당작용)의 의존이 증가하는 시점에 대한 판단으로 활용

② 젖산역치 발생 요인

  ㉠ 근형질에서 미토콘드리아로 수소가 운반되는 능력보다 해당작용 활성화가 초과되는 운동강도
  ㉡ 근육의 낮은 산소량으로 해당작용 활성화
  ㉢ 에피네프린과 노르에피네프린의 혈중 농도 증가 ➡ 속근섬유 동원 ➡ 젖산탈수소효소(LDH)와 피루브산 친화력 증가 ➡ 젖산 생성
  ㉣ 혈중 젖산 농도 = 혈액으로 유입되는 젖산 농도 - 혈액에서 제거되는 젖산 농도

③ 젖산역치의 실용적 사용

  ㉠ 운동 수행능력의 예측과 지구성 운동프로그램 계획의 지표
  ㉡ 운동강도 계획의 지침

04 운동 중 연료이용 평가 2008년 15번 / 2014년 A 3번 / 2018년 B 5번 / 2025년 A 11번

1. 호흡교환율 (respiratory exchange ratio, R)	① 운동 중 항정상태 조건에서 탄수화물과 지방의 에너지대사량 기여도 평가 ② 산소소비량에 대한 이산화탄소 생성의 비율 ③ '비단백성 R'

2. 지방과 탄수화물의 호흡교환율	(1) 탄수화물	포도당 = $C_6H_{12}O_6$ 산화 = $C_6H_{12}O_6 + 6O_2$ ➡ $6CO_2 + 6H_2O$ R = $VCO_2 \div VO_2 = 6CO_2 \div 6O_2 = 1$
	(2) 지방	지방(팔미르산, palmitic acid) = $C_{16}H_{32}O_2$ 산화 = $C_{16}H_{32}O_2 + 23O_2$ ➡ $16CO_2 + 16H_2O$ R = $VCO_2 \div VO_2 = 16CO_2 \div 23O_2 = 0.70$

산소 1리터당 지방만 사용한 경우 4.70kcal, 탄수화물만을 사용한 경우는 5.0kcal를 소모하여 운동 중 산소 1리터당 탄수화물이 6% 정도 더 많은 에너지(ATP)를 생성하게 됨

📍 비단백질 R에 의해 결정되는 지방과 탄수화물 대사의 백분율

호흡교환율	지방 %	탄수화물 %
0.70	100	0
0.75	83	17
0.80	67	33
0.85	50	50
0.90	33	67
0.95	17	83
1.00	0	100

05 연료선택 결정 요인 2008년 15번 / 2009년 2차 3번 / 2010년 30번 / 2020년 B 10번 / 2023년 A 10번 / 2025년 A 2번

1. 운동강도와 연료선택

(1) 지방	$VO_2\,max$ 30% 이하의 낮은 강도 운동에서 근육의 주요 원료
(2) 탄수화물	$VO_2\,max$ 70% 이상의 고강도 운동에서 근육의 주요 원료
(3) 연료교차 (crossover)	 ① 운동강도가 증가함에 따라 지방보다 탄수화물에 대한 에너지 생성 의존 비율이 높아지는 시점 ② 운동강도가 증가함에 따라 탄수화물대사의 점증적 증가와 지방대사 감소 **연료교차의 주요 요인** ・속근섬유 동원 증가 ・혈중 에피네프린 증가 ◉ 운동 중 당원 사용 조절(인산효소 활성)

2. 운동시간과 연료선택

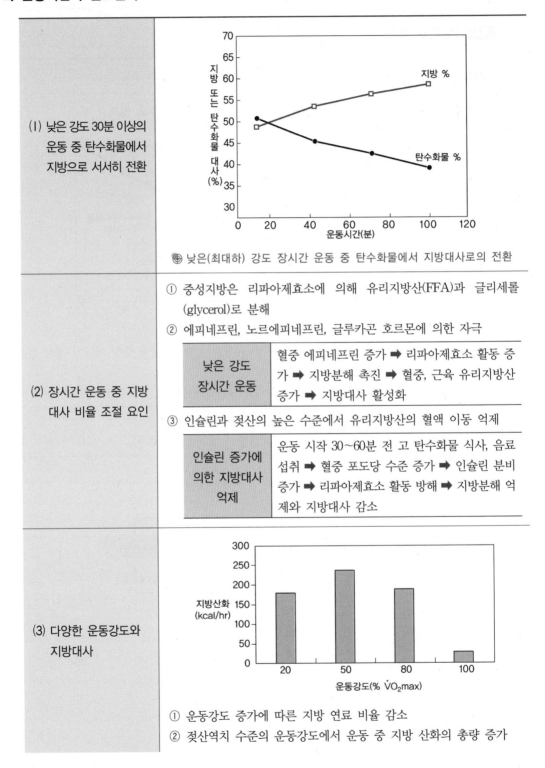

(1) 낮은 강도 30분 이상의 운동 중 탄수화물에서 지방으로 서서히 전환	

⦿ 낮은(최대하) 강도 장시간 운동 중 탄수화물에서 지방대사로의 전환

(2) 장시간 운동 중 지방 대사 비율 조절 요인	① 중성지방은 리파아제효소에 의해 유리지방산(FFA)과 글리세롤(glycerol)로 분해 ② 에피네프린, 노르에피네프린, 글루카곤 호르몬에 의한 자극

낮은 강도 장시간 운동	혈중 에피네프린 증가 ➡ 리파아제효소 활동 증가 ➡ 지방분해 촉진 ➡ 혈중, 근육 유리지방산 증가 ➡ 지방대사 활성화

③ 인슐린과 젖산의 높은 수준에서 유리지방산의 혈액 이동 억제

인슐린 증가에 의한 지방대사 억제	운동 시작 30~60분 전 고 탄수화물 식사, 음료 섭취 ➡ 혈중 포도당 수준 증가 ➡ 인슐린 분비 증가 ➡ 리파아제효소 활동 방해 ➡ 지방분해 억제와 지방대사 감소

(3) 다양한 운동강도와 지방대사	

① 운동강도 증가에 따른 지방 연료 비율 감소
② 젖산역치 수준의 운동강도에서 운동 중 지방 산화의 총량 증가

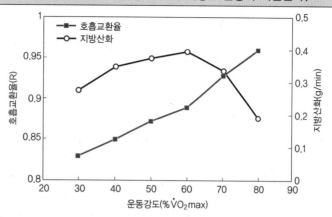

운동과 지방대사 : 지방 연소에 저강도 운동이 최선인가?

◉ 활동적인 남녀에서 증가하는 운동부하와 함께 호흡교환율(R)과 지방산화의 변화
지방산화는 가벼운 운동에서 증가되어 최대산소섭취량의 60% 수준에서 최
고치에 이른다.

(3) 다양한 운동강도와 지방대사

높은 비율의 에너지소비량이 지방산화로부터 도래되기 때문에 저강도 운동이 최선인 것처럼 보인다. 하지만 낮은 운동강도에서는 전반적인 에너지소비량 또한 매우 낮기 때문에 오직 적은 양의 지방이 산화된다는 것을 유념해야 한다. 예를 들어, 한 개인이 20%의 최대산소섭취량으로 운동을 하고 대사율은 3kcal/min이라고 가정해보자. 만약 R이 0.80이면 2/3의 에너지(2kcal/min)가 지방으로부터 오고 1/3(1kcal/min)은 탄수화물로부터 온다. 개인이 최대산소섭취량의 60%에서 운동한다면, 대사율은 9kcal/min이다. R이 0.90이라면 오직 1/3의 에너지가 지방으로부터 온다. 하지만 대사율이 3배 높기 때문에, 3kcal/min이 지방으로부터 도래되어 20%의 최대산소섭취량보다 50% 많은 지방산화가 나타난다. 위 그래프는 운동강도 범위에 대한 R과 지방산화의 변화를 나타낸다. 지방산화는 약 60%의 최대산소섭취량까지 증가하고 이후에 감소한다. 혈중 젖산농도 증가와 관련된 해당과정의 가속화가 전반적인 탄수화물 산화의 증가를 나타낸다. 지방산화는 같은 성인과 어린이 대상자에서 자전거 타기와 비교해 달리기 동안 더 높은 상대적 작업량(%최대산소섭취량)을 나타내는 것으로 보인다. 어떤 종류의 운동 혹은 어느 강도의 운동이 많은 양의 지방산화를 위한 최선인지에 대한 논의에서 체중유지나 체중감량 프로그램에서 총 에너지소비량이 중요한 요소라는 것을 유념해야 한다.

3. 지방 · 탄수화물대사의 상호작용

(1) 운동시간과 탄수화물	① 단시간 저강도 운동	근육 내 저장된 당원과 포도당 농도 일정 유지
	② 장시간 운동(2시간 이상)	근육 내 당원 고갈
(2) 탄수화물 고갈과 근피로	① 근육과 혈액의 탄수화물 고갈은 근피로 유발	
	탄수화물 고갈에 의한 근피로 기전	탄수화물 고갈 ➡ 해당작용 속도 감소 ➡ 근육 내 피루브산 농도 감소 ➡ 크렙스 회로 구성성분(중간물질) 수 감소 ➡ 유산소성 ATP 생성 속도 저하 ➡ 피로 발생 ➡ 근육운동 제한
	② 지방은 탄수화물의 불꽃 안에서 연소	
	탄수화물 고갈에 의한 지방대사 속도 감소 기전	당원 감소 ➡ 크렙스 회로 중간물질 감소 ➡ 지방대사에 의한 ATP 생성 속도 감소

4. 신체연료 2016년 A 14번

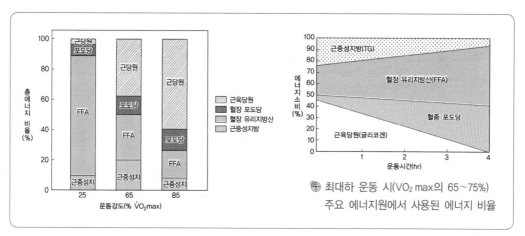

● 최대하 운동 시(VO₂ max의 65~75%)
주요 에너지원에서 사용된 에너지 비율

(1) 탄수화물	① 저강도 운동 동안 포도당, 강도가 증가하면 근당원 사용 증가 ② 장시간 최대하 운동 초기 1시간 동안 근육당원, 시간이 지남에 따라 포도당 이용 증가
(2) 지방	① 저강도 운동 동안 혈장 유리지방산, 강도가 증가하면 근육의 중성지방 사용 증가 ② 운동시간이 증가함에 따라 혈장 유리지방산 사용 증가
(3) 단백질	① 알라닌은 간에서 포도당으로 전환 ② 2시간 이상 장시간 운동 중 세포 내 Ca^+ 증가 ➡ 단백질분해효소 활성 ➡ 단백질대사 증가

● 글루코스-알라닌 회로

(4) 운동 중 젖산 사용	① 혈당 신생 기질로 전환되어 이용 ② 골격근, 심장에 필요한 에너지 공급 원료 ③ **코리회로**: 고강도 운동 시 근육섬유로부터 젖산염이 형성된다. 근육에서 생성된 젖산염은 혈액을 타고 간으로 이동 후 포도당신생합성과정을 통하여 포도당으로 전환된다. 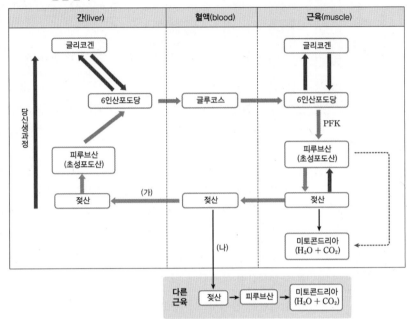 (가) 생성된 젖산의 1/5 → 코리사이클에 의해 당으로 합성(당신생) (나) 생성된 젖산의 4/5 → 근육이나 다른 근육으로 이동하여 H_2O와 CO_2로 분해 ⊕ 젖산 제거의 주요 경로, 코리사이클(⬅) <table><tr><td>젖산순환 (lactate shuttle)</td><td>• 지근섬유와 심장의 젖산 ➡ 피루빅염 전환 ➡ 아세틸-CoA 변환 ➡ 크렙스 회로 산화적 대사과정에서 산화 • 근육에서 생성된 젖산 ➡ 혈액의 젖산 운반 ➡ 간에서 당신생합성</td></tr></table>

골격근계

01) 골격근 구조

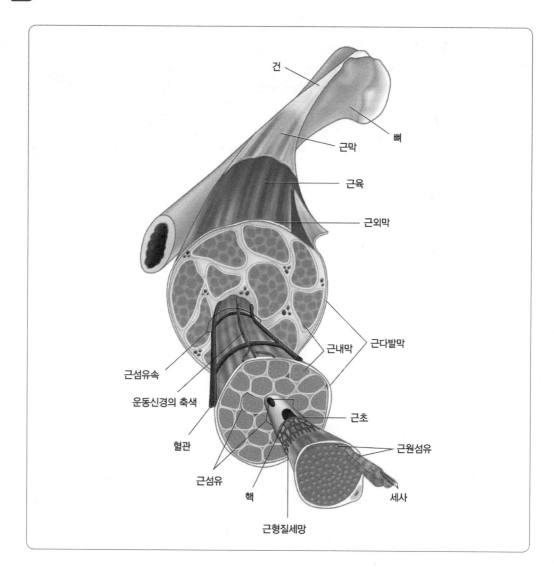

건
뼈
근막
근육
근외막
근다발막
근내막
근섬유속
운동신경의 축색
근초
혈관
근원섬유
근섬유
핵
세사
근형질세망

02 근신경 연접

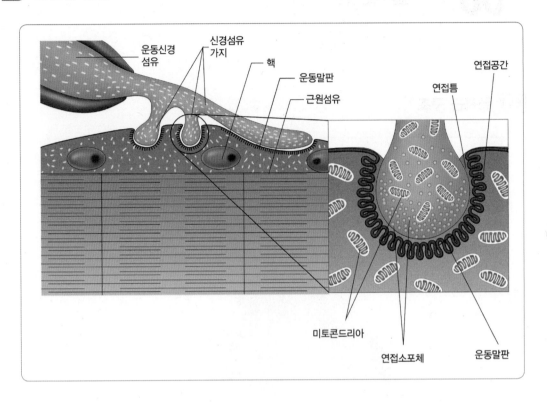

03 근수축

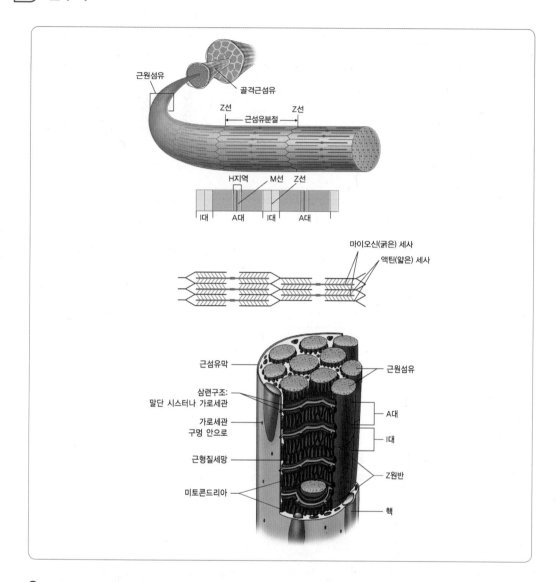

💡 골격근 기능과 관련된 용어

골격근의 주요 기능	• 운동과 호흡 • 자세 유지 • 체온 유지
기점과 착점	• 기점: 근육이 수축하는 동안 움직이지 않는 뼈에 부착된 근육 • 착점: 근육이 수축하는 동안 움직이는 뼈에 부착된 근육
관절각 크기와 관련된 근육	• 굴근(flexor): 관절각을 작게 하는 근육 • 신근(extensor): 관절각을 크게 하는 근육

1. 근세사 활주모델 이론의 개요

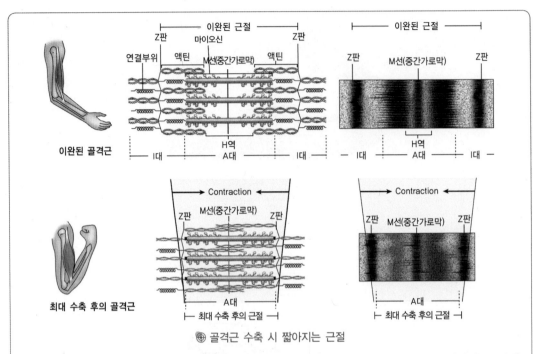

◉ 골격근 수축 시 짧아지는 근절

이완된 근절과 수축 후의 근절의 모습. 근절이 이완된 상태에서 수축할 시, Z라인이 서로 가까워지는 모습을 볼 수 있다.

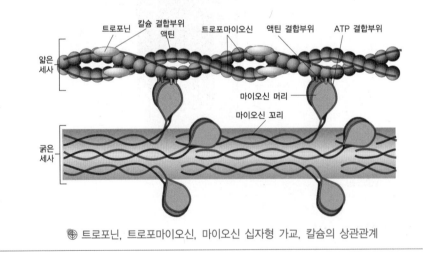

◉ 트로포닌, 트로포마이오신, 마이오신 십자형 가교, 칼슘의 상관관계

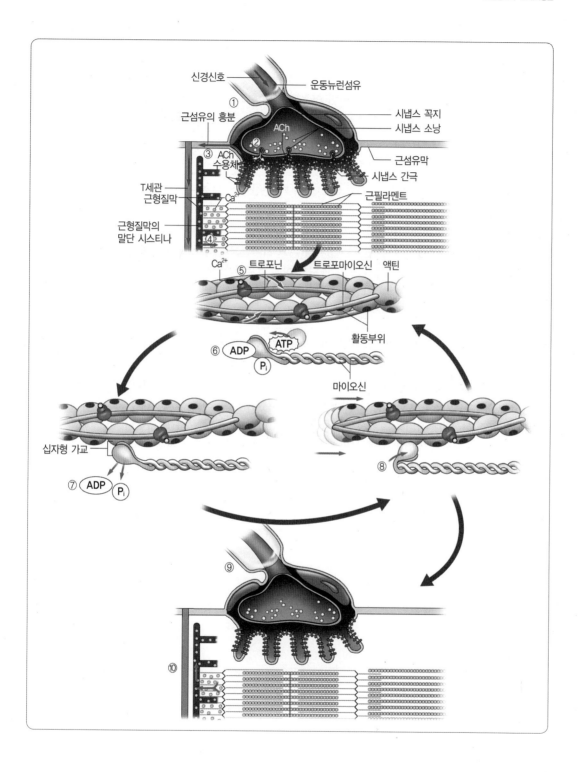

💡 흥분(자극)−수축 결합−이완의 단계적 요약

(1) 자극 과정	① 신경신호가 이음부 마디에 도착한다. ② 시냅스소포가 아세틸콜린(ACh)을 방출하고 이 아세틸콜린이 시냅스간극으로 확산되어 근섬유 근섬유막에 위치한 수용체에 결합한다. 이것이 근섬유막의 이온채널을 열어 나트륨이 섬유 안으로 이동하게 한다. ③ NA$^+$이온의 안쪽으로 이동이 섬유를 탈분극시키고 T세관을 통해 탈분극파동을 보낸다.
(2) 근수축 (근섬유 탈분극)	④ T세관의 탈분극이 근소포체로부터 근섬유의 세포액으로 칼슘을 방출시킨다. ⑤ 칼슘이온이 트로포닌(액틴 분자에 위치한)에 결합한다. 트로포닌에 결합한 칼슘은 트로포마이오신의 위치를 이동시켜 액틴의 마이오신 결합 부위가 노출되게 한다. ⑥~⑧ 6단계에서 8단계는 십자형 가교 사이클과 근력 생산을 설명한다. 간단히, 자극된 마이오신 십자형 가교는 액틴의 활동 부위에 결합을 하고 움직임을 발생시키기 위해 액틴 분자를 당긴다(예 섬유 단축). 6~8단계는 근육에 대한 신경자극이 계속되는 한 반복적으로 일어난다.
(3) 이완	⑨ 운동뉴런이 자극을 멈출 때 근 이완의 첫 번째 단계가 발생한다. 확실히, 근육의 신경 자극이 멈출 때, 아세틸콜린은 더 이상 방출되지 않고 근섬유는 재분극된다. ⑩ 운동뉴런이 자극을 멈추고 근육의 흥분이 정지되면, 칼슘이 세포액에서 근소포체로 이동되어 저장된다. 세포액에서 유리칼슘이 없으면, 트로포닌이 트로포마이오신을 원래 자리로 돌아오게 만들어 액틴의 마이오신 결합 부위를 덮는다. 이 트로포마이오신이 액틴의 활동 부위를 덮는 것은 마이오신−액틴 십자형 가교의 생성을 막고 따라서 근이완이 발생한다.

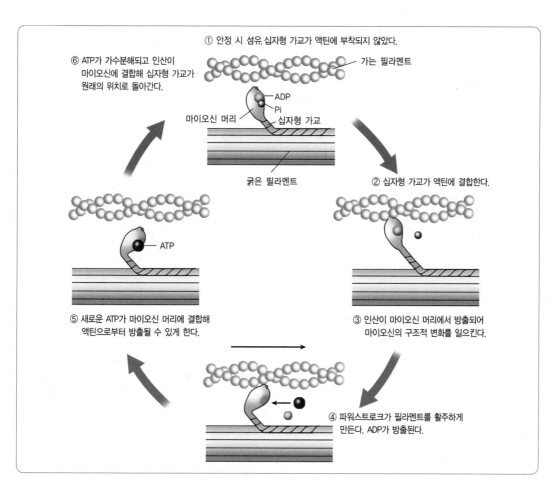

① 안정 시 섬유. 십자형 가교가 액틴에 부착되지 않았다.

⑥ ATP가 가수분해되고 인산이 마이오신에 결합해 십자형 가교가 원래의 위치로 돌아간다.

가는 필라멘트

마이오신 머리 — ADP / Pi / 십자형 가교

굵은 필라멘트

② 십자형 가교가 액틴에 결합한다.

ATP

⑤ 새로운 ATP가 마이오신 머리에 결합해 액틴으로부터 방출될 수 있게 한다.

③ 인산이 마이오신 머리에서 방출되어 마이오신의 구조적 변화를 일으킨다.

④ 파워스트로크가 필라멘트를 활주하게 만든다. ADP가 방출된다.

♀ 근섬유의 활주와 근육수축을 발생시키는 십자형 가교 사이클의 단계별 설명

1단계	십자형 가교가 부착되지 않은 안정 시 근섬유를 나타낸다.(例 칼슘은 근소포체에 남아 있다.)
2단계	근소포체로부터 칼슘이 방출된 다음에 일어나는 액틴에 대한 마이오신 십자형 가교의 부착을 나타낸다.
3단계	마이오신 머리로부터 무기인산(Pi)의 방출을 나타낸다. 이것은 마이오신의 위치 이동을 야기한다.
4단계	파워스트로크를 설명한다. 파워스트로크는 마이오신 십자형 가교가 액틴을 안쪽으로 당기게 하고 액틴/마이오신 필라멘트가 서로 미끄러져 섬유 단축을 일으킨다. ADP 또한 이 단계에서 방출된다는 것을 주목해야 한다.
5단계	마이오신 머리에 대한 새로운 ATP 분자의 결합을 나타낸다. 이것은 액틴으로부터 마이오신 십자형 가교의 방출을 일으킨다.
6단계	마이오신 십자형 가교를 원래 위치로 되돌리는 ATP의 분해(가수분해)를 나타낸다.

2. 근수축

(1) 근세사 활주 모델 이론의 개요	① 근세사의 구조적 변화	㉠ 칼슘과 트로포닌 결합 ➡ 액틴과 마이오신 결합으로 십자형 가교 형성 ➡ 장력 발생 ㉡ A대 길이 무변, Z~Z 길이 감소, I대와 H대의 폭 감소	
	② 십자형 가교 수와 결속에 따른 장력 크기 변화		
(2) 수축을 위한 에너지	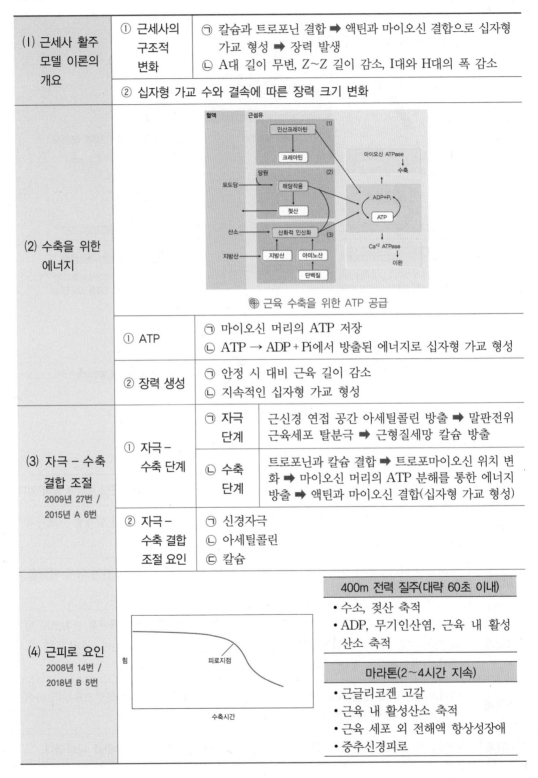 ⊕ 근육 수축을 위한 ATP 공급		
	① ATP	㉠ 마이오신 머리의 ATP 저장 ㉡ ATP → ADP + Pi에서 방출된 에너지로 십자형 가교 형성	
	② 장력 생성	㉠ 안정 시 대비 근육 길이 감소 ㉡ 지속적인 십자형 가교 형성	
(3) 자극 – 수축 결합 조절 2009년 27번 / 2015년 A 6번	① 자극 – 수축 단계	㉠ 자극 단계	근신경 연접 공간 아세틸콜린 방출 ➡ 말판전위 근육세포 탈분극 ➡ 근형질세망 칼슘 방출
		㉡ 수축 단계	트로포닌과 칼슘 결합 ➡ 트로포마이오신 위치 변화 ➡ 마이오신 머리의 ATP 분해를 통한 에너지 방출 ➡ 액틴과 마이오신 결합(십자형 가교 형성)
	② 자극 – 수축 결합 조절 요인	㉠ 신경자극 ㉡ 아세틸콜린 ㉢ 칼슘	
(4) 근피로 요인 2008년 14번 / 2018년 B 5번	**400m 전력 질주(대략 60초 이내)** • 수소, 젖산 축적 • ADP, 무기인산염, 근육 내 활성 산소 축적 **마라톤(2~4시간 지속)** • 근글리코겐 고갈 • 근육 내 활성산소 축적 • 근육 세포 외 전해액 항상성장애 • 중추신경피로		

04 섬유 형태

1. 골격근 특성 2015년 A 6번

(1) 골격근 생화학적 특성	① 산화능력(oxidative capacity) • 미토콘드리아 수와 크기 • 근섬유를 둘러싸고 있는 모세혈관 밀도 • 섬유 내 마이오글로빈 양 ② ATPase 효소의 동위 형태 ATPase의 높은 활동성 / 높은 수축 속도, 상대적으로 높은 장력 ATPase의 낮은 활동성 / 낮은 수축 속도, 상대적으로 낮은 장력 ③ 근섬유 수축 단백질 함유량
(2) 골격근 수축 특성	 ① 최대근력 특이근력(최대근력) = 근력(특이장력) / 근횡단면적(근섬유 크기) ② 수축속도 • 십자형 가교 사이클 비율 • 근섬유 ATPase 효소의 활동성 ③ 최대파워 • 파워 = 장력 × 수축속도 • 장력 증가와 높은 수축속도 보유 시 파워 증가 ④ 근섬유 효율성 • 근섬유 경제성 • 효율적 근섬유는 일정 장력 발휘에 상대적으로 낮은 에너지 요구 • 근섬유 효율성 = 근력 / 사용한 ATP

2. 근섬유 형태 ^{2019년 B 5번}

(1) 지근섬유(Type I fiber, slow-twitch fiber)	
(2) 속근섬유(fast-twitch fiber)	① IIx 형태(빠른 해당섬유)
	② IIa 형태(중간섬유)

특성	속근섬유		지근섬유
	IIx 형태	IIa 형태	I 형태
미토콘드리아 수	적음	많음/중간	많음
피로도	높음	낮음/중간	낮음
효율성	낮음	중간	높음
에너지 시스템	무산소	유·무산소	유산소
ATPase 활동	높음	높음	낮음
Vmax(수축속도)	빠름	중간	낮음
장력	높음	높음	중간

특징		근섬유 형태		
		Type I	Type IIa	Type IIx
신경	운동신경 섬유의 크기	작다	크다	크다
	운동신경 전도 속도	낮다	빠르다	빠르다
	운동신경 동원 역치	낮다	높다	높다
구조	근섬유의 지름	작다	크다	크다
	근형질세망의 발달	낮다	높다	높다
	미토콘드리아의 밀도	높다	높다	낮다
	모세혈관의 밀도	높다	중간	낮다
	마이오글로빈의 함유량	높다	중간	낮다
에너지 기질	크레아틴인산의 저장량	낮다	높다	높다
	글리코겐의 저장량	낮다	높다	높다
	중성지방의 저장량	많다	중정도	적다
효소	해당효소	낮다	높다	높다
	산화효소	높다	높다	낮다
	ATPase	낮다	높다	높다
기능	수축시간	늦다	빠르다	빠르다
	이완시간	늦다	빠르다	빠르다
	힘의 발생	낮다	높다	높다
	에너지 효율	높다	낮다	낮다
	피로에 대한 저항	높다	낮다	낮다
	탄성도(유연성)	약하다	강하다	강하다

3. 근섬유 형태와 수행능력

파워 운동	속근섬유의 높은 비율
지구성 운동	지근섬유의 높은 비율

운동종목	지근섬유(%)	속근섬유(%)
장거리 선수	70~80	20~30
스프린터	25~30	70~75
일반인	47~53	47~53

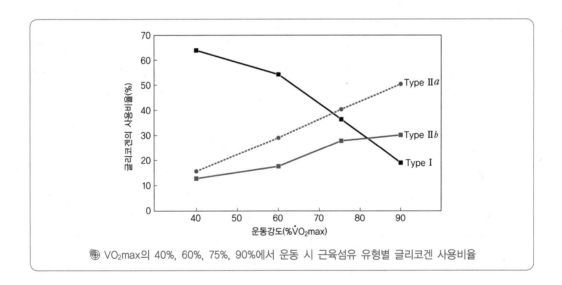

◉ VO₂max의 40%, 60%, 75%, 90%에서 운동 시 근육섬유 유형별 글리코겐 사용비율

40~60%VO₂max의 낮은 강도에서 운동하는 동안에는 Type I 섬유가 가장 많이 동원되어 Type II 섬유에 비해 글리코겐의 사용비율이 높은 것을 알 수 있다. 그러나 운동강도가 75~90% VO₂max로 높아지면서 Type IIb 섬유의 동원비율이 높아지고 Type IIb 섬유 내 글리코겐의 사용비율이 상승하게 된다. 최대강도로 운동할 때에는 Type I 섬유와 Type II 섬유가 모두 동원되지만, Type II 섬유가 높은 운동강도에서 더 많이 동원되기 때문에 Type I 섬유의 상대적인 참여비율은 낮아지게 된다.

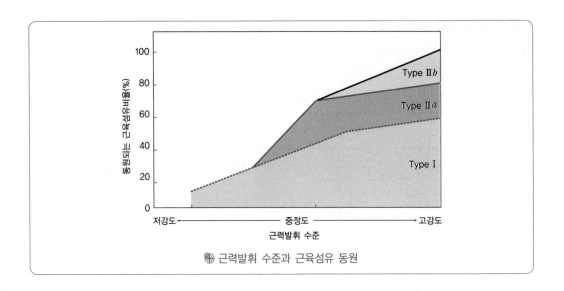

◉ 근력발휘 수준과 근육섬유 동원

근력의 발휘 정도에 따라 근육섬유의 동원양상이 다르게 나타나는 것을 보여준다. 예를 들어 걷기와 같은 낮은 강도의 운동 중에는 주로 지근섬유가 동원되고, 달리기와 같이 더 높은 근력을 요구하는 운동에서는 중간근육 Type IIa 섬유가 추가적으로 동원되며, 전력질주를 할 때와 같이 최대근력이 요구되는 운동에서는 속근(Type IIb) 섬유가 동원된다. 순발력운동 시에도 속근운동단위보다는 지근운동단위가 먼저 동원되기 때문에 오로지 속근운동단위만을 훈련시키는 것은 불가능하다. 물론 운동강도를 높이면 속근운동단위가 동원되는 비율이 높아진다. 예를 들어 장시간의 지속적 달리기보다는 인터벌트레이닝에 의해 속근운동단위의 단련을 꾀할 수 있다.

05 근수축 형태와 근수축 형태의 기계적 특성 2000년 5번 / 2021년 A 6번

1. 근수축 형태	(1) 정적 수축	등척성 수축		• 관절각과 근 길이 일정, 근 내 장력 변화 • 신체 자세 유지에 관여
	(2) 동적 수축	① 등장성 수축	㉠ 단축성 수축 (구심성)	• 근 내 장력 일정, 근 길이 감소 • 저항을 극복하며 장력 발휘
			㉡ 신장성 수축 (원심성)	• 근 내 장력 일정, 근 길이 증가 • 저항을 극복하지 못하며 장력 발휘 • 부상과 근 염증의 주된 원인으로 통증과 부종 유발
		② 등속성 수축		• 일정한 수축속도에서 최대 장력 발휘 • 재활치료를 위한 효과적 활용

① 단축성 수축: 저항에 비해 근수축력이 강한 경우 — 움직임

② 신장성 수축: 저항에 비해 근수축력이 약한 경우 — 움직임

③ 등척성 수축: 수축하면서 길이가 변하지 않음 — 움직임 없음

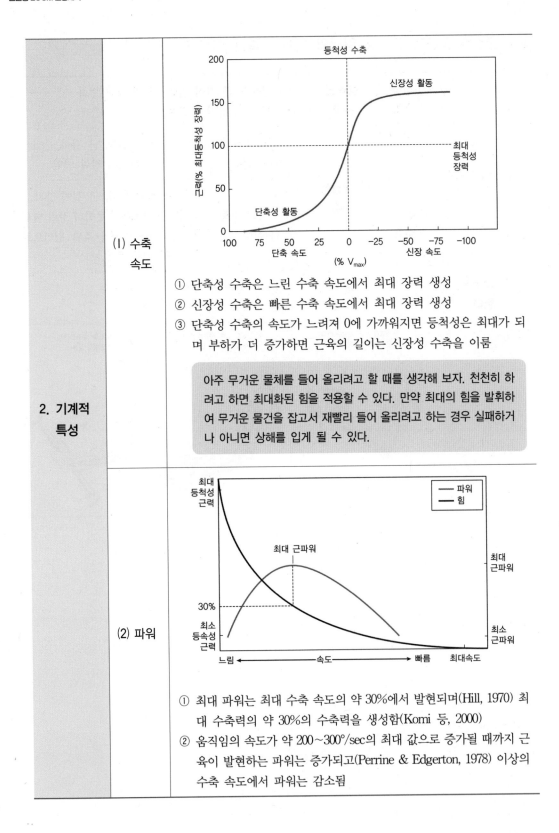

2. 기계적 특성	**(1) 수축 속도**

① 단축성 수축은 느린 수축 속도에서 최대 장력 생성
② 신장성 수축은 빠른 수축 속도에서 최대 장력 생성
③ 단축성 수축의 속도가 느려져 0에 가까워지면 등척성은 최대가 되며 부하가 더 증가하면 근육의 길이는 신장성 수축을 이룸

> 아주 무거운 물체를 들어 올리려고 할 때를 생각해 보자. 천천히 하려고 하면 최대화된 힘을 적용할 수 있다. 만약 최대의 힘을 발휘하여 무거운 물건을 잡고서 재빨리 들어 올리려고 하는 경우 실패하거나 아니면 상해를 입게 될 수 있다.

(2) 파워

① 최대 파워는 최대 수축 속도의 약 30%에서 발현되며(Hill, 1970) 최대 수축력의 약 30%의 수축력을 생성함(Komi 등, 2000)
② 움직임의 속도가 약 200~300°/sec의 최대 값으로 증가될 때까지 근육이 발현하는 파워는 증가되고(Perrine & Edgerton, 1978) 이상의 수축 속도에서 파워는 감소됨

06 근수축과 이완속도

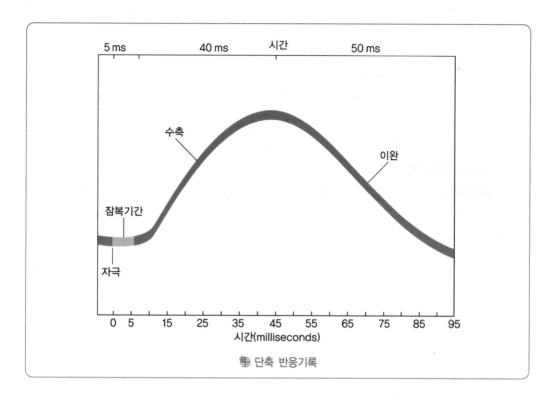

🏵 단축 반응기록

07 **근육의 힘 조절**: 근육군 내 근수축 동안 발휘되는 힘의 양 결정 요인

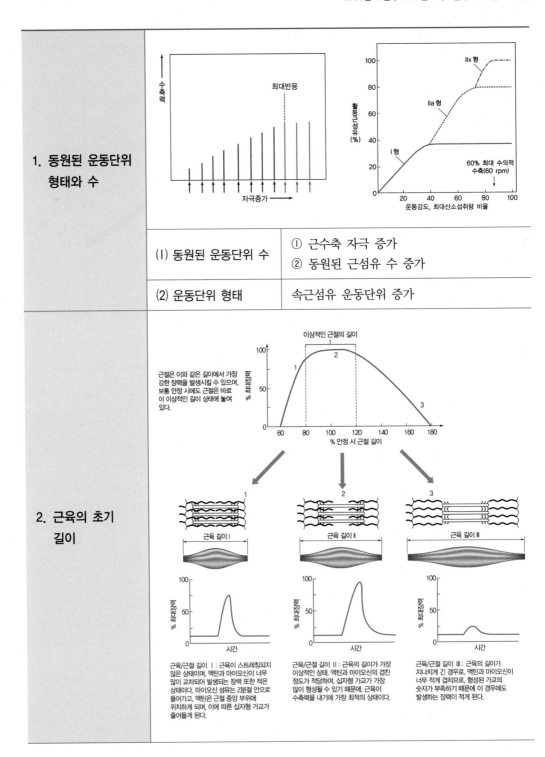

1. 동원된 운동단위 형태와 수	(1) 동원된 운동단위 수	① 근수축 자극 증가 ② 동원된 근섬유 수 증가
	(2) 운동단위 형태	속근섬유 운동단위 증가

근절은 이와 같은 길이에서 가장 강한 장력을 발생시킬 수 있으며, 보통 안정 시에도 근절은 바로 이 이상적인 길이 상태에 놓여 있다.

2. 근육의 초기 길이

근육/근절 길이 Ⅰ : 근육이 스트레칭되지 않은 상태이며, 액틴과 마이오신이 너무 많이 교차되어 발생되는 장력 또한 적은 상태이다. 마이오신 섬유는 Z분절 안으로 들어가고, 액틴은 근절 중앙 부위에 위치하게 되며, 이에 따른 십자형 가교가 줄어들게 된다.

근육/근절 길이 Ⅱ : 근육의 길이가 가장 이상적인 상태, 액틴과 마이오신의 겹친 정도가 적당하여, 십자형 가교가 가장 많이 형성될 수 있기 때문에, 근육이 수축력을 내기에 가장 최적의 상태이다.

근육/근절 길이 Ⅲ : 근육의 길이가 지나치게 긴 경우로, 액틴과 마이오신이 너무 적게 겹치므로, 형성된 가교의 숫자가 부족하기 때문에 이 경우에도 발생하는 장력이 적게 된다.

3. 운동단위의 신경자극 특성	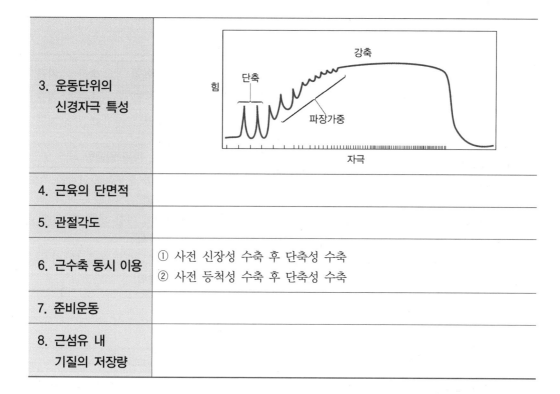
4. 근육의 단면적	
5. 관절각도	
6. 근수축 동시 이용	① 사전 신장성 수축 후 단축성 수축 ② 사전 등척성 수축 후 단축성 수축
7. 준비운동	
8. 근섬유 내 기질의 저장량	

08 힘-속도 / 파워-속도의 관계 2012년 2차 2번 / 2021년 A 9번

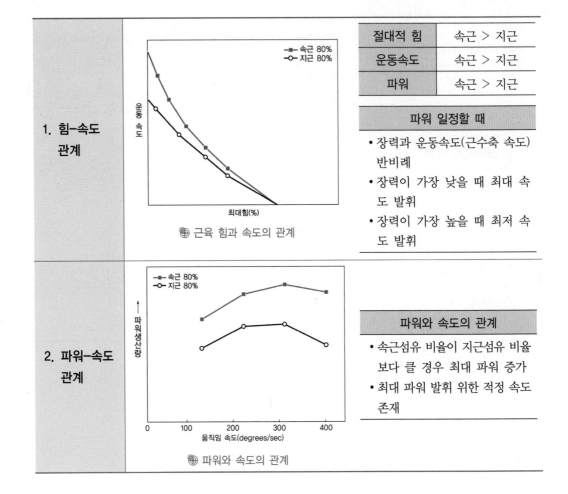

1. 힘-속도 관계	◉ 근육 힘과 속도의 관계		

절대적 힘	속근 > 지근
운동속도	속근 > 지근
파워	속근 > 지근

파워 일정할 때
• 장력과 운동속도(근수축 속도) 반비례 • 장력이 가장 낮을 때 최대 속도 발휘 • 장력이 가장 높을 때 최저 속도 발휘

◉ 근육 힘과 속도의 관계

2. 파워-속도 관계

◉ 파워와 속도의 관계

파워와 속도의 관계
• 속근섬유 비율이 지근섬유 비율보다 클 경우 최대 파워 증가 • 최대 파워 발휘 위한 적정 속도 존재

09 근통증

1. 급성 근통증(일시적 근통증)

① 운동 중과 운동 직후 발생

② 운동 부산물에 의한 부종

③ 휴식 후 소멸

2. 지연성 근통증(DOMS) 2008년 14번 / 2011년 2차 4번 / 2016년 A 7번

(1) 발생원인	반복적 신장성 수축
(2) 지연성 근통증 기전	① **구조적 손상**: 근육 수축-탄성 시스템의 과도한 장력 발휘 ② 칼슘 활용 장애에 의한 괴사 발생 ➡ 세포 괴사 복원을 위한 대식 세포(백혈구) 활동 증가로 염증 반응 발생 ➡ 근육 내 체액 압력 증가로 인한 근육 내의 통증 수용기 자극 ❹ 염증작용에 의한 면역반응과 부종을 유도 및 통증수용체 자극 ❶ 근육 및 근세포질그물의 손상 ❷ 칼슘의 유출 미토콘드리아의 ATP 생산에 영향 ❸ 칼슘의 축적에 의한 근육의 수축성 단백질의 파괴 ◉ 지연성 근통증 기전

염증성 반응

백혈구는 선체에 유입된 이물질에 대해 또는 조직의 정상적인 기능을 위협하는 상황에 대해 방어 작용을 한다. 백혈구의 숫자는 근통증을 유발하는 신체 활동 후에 증가하는 경향을 보인다. 이러한 현상은 일부 연구자들로 하여금 근육 내의 염증 반응(inflammatory reaction)으로부터 근통증이 초래된다고 제의하도록 만들었다. 상해가 발생한 근육으로부터 분비된 물질은 유인제로 작용하면서, 염증 과정을 일으키는 것으로 인식되고 있다. 근육의 단핵구 세포는 상해에 의해 활성화되며, 순환하는 염증세포에 화학적 신호를 제공한다. 호중성 백혈구(neutrophils : 백혈구의 한 유형)가 상해 부위에 침투하여 사이토카인(cytokines : 면역조절 물질)을 분비하며, 이것은 염증세포를 추가적으로 끌어들이고 활성화시킨다. 또한 호중성 백혈구는 세포막을 손상시킬 수 있는 산소유리기(oxygen free radical)를 분비하기도 한다. 이러한 염증세포의 침투는 또한 통증 발생과도 연관이 있으며, 염증세포로부터 분비된 물질이 통증에 민감한 신경종말을 자극함으로써 통증이 초래된다고 생각되고 있다. 대식세포(macrophages : 면역계 세포의 또 다른 유형)는 손상된 근섬유에 유입되어 탐식작용(phagocytosis)으로 알려진 과정을 통해 잔존물을 제거한다. 마지막으로 대식세포 유입의 두 번째 단계가 나타나며 이것은 근육의 재생성과 관련이 있다.

(2) 지연성 근통증 기전

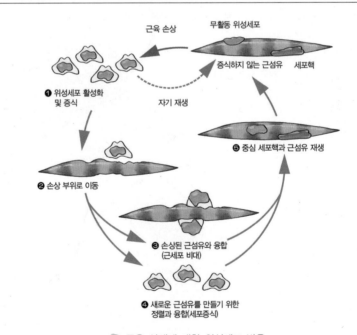

🎯 근육 상해에 대한 위성세포 반응

근육 상해는 일련의 순차적 반응현상을 유도하여 위성세포가 더욱 활성화 및 증식되면서 손상부위로 이동하며, 기존 근섬유와 융합 또는 결합해서 새로운 근섬유를 만든다.

3. 운동 유발성 근육 경직

순환계

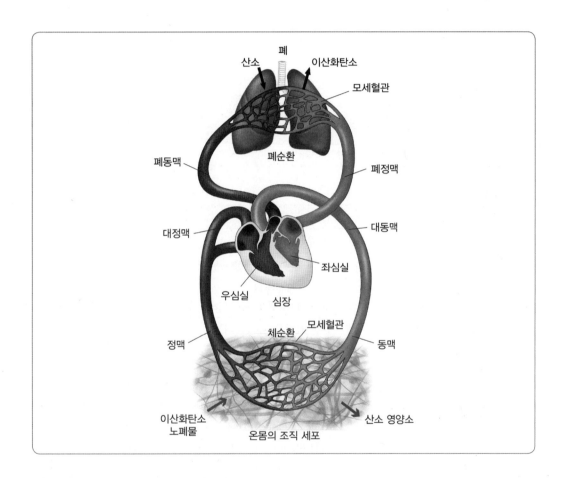

순환계 기능	① 운동 중 항상성을 위한 산소 운반 ② 운동 중 근육에서 증가된 산소 요구량을 맞추기 위한 혈류 조절 　　㉠ 심박출량 증가 　　㉡ 비활동성 기관으로부터 활동근으로의 혈류 재분배 ③ 영양소 운반과 체온 조절 ④ 혈류 흐름에 제한받지 않기 위한 두뇌 혈압 유지

01 심혈관계

1. 심장구조	(1) 구조	

구조	기능
우심방과 우심실	오른쪽 펌프
좌심방과 좌심실	왼쪽 펌프
심실중격 (interventricular septum)	혈액의 혼합 방지
삼첨판(오른쪽 방실판), 이첨판(왼쪽 방실판)	혈액의 역류 방지

	(2) 폐쇄적 회로	① 혈액순환 위한 근육 펌프작용과 심장의 혈액순환 압력 형성 ② 심장 ➡ 동맥(artery) ➡ 소동맥(arteriole) ➡ 모세혈관 ➡ 소정맥 (venule) ➡ 대정맥(vein) ➡ 우심장(혼합정맥혈) ③ **모세혈관(capillary)**: 산소, 이산화탄소, 영양소 교환
2. 폐순환과 체순환	(1) 폐순환	① 심장 오른쪽에서 이산화탄소 함유량이 증가된 혈액 펌프 ② 폐에서 혈액의 산소 포화와 이산화탄소 방출
	(2) 체순환	① 심장 왼쪽에서 산소로 포화된 혈액 펌프 ② 산소 포화된 혈액을 신체조직으로 운반

02 **심장** : 심근과 심장주기

1. 심근

구조적 비교	심근	골격근
수축 단백질: 액틴과 마이오신	있음	있음
근섬유의 형태	골격근 섬유보다 짧으며 가지가 있음	길게 연결된 형태 - 가지가 없음
핵	단핵	다핵
Z판	있음	있음
횡문근	있음	있음
횡문근	있음	있음
세포 간 연결	개재판 있음	연결물질 없음
결합조직	근섬유내초	근외막, 근초, 근섬유내초
기능적 비교	**심근**	**골격근**
에너지 생산	주로 유산소성	유산소성과 무산소성
수축을 위한 칼슘	근형질세망 및 세포 외 칼슘	근형질세망
신경조절	불수의적	수의적
재생능력	위성세포 없음	위성세포 재생 가능

① 불수의적(voluntary) 수축

기능적 연동작용(functional syncytium)
하나의 심장세포가 탈분극되어 수축하면 연결된 모든 심장세포 수축

② 관상동맥 통한 혈액 공급
③ 골격근 지근섬유와 비슷한 동질 근육으로 형성
④ 높은 농도의 미토콘드리아 함유에 의한 매우 높은 유산소성 심근 수축

2. 심장주기

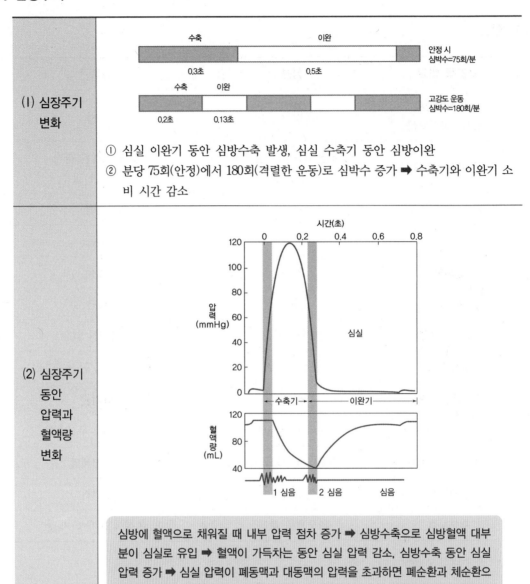

(1) 심장주기 변화	① 심실 이완기 동안 심방수축 발생, 심실 수축기 동안 심방이완 ② 분당 75회(안정)에서 180회(격렬한 운동)로 심박수 증가 ➡ 수축기와 이완기 소비 시간 감소
(2) 심장주기 동안 압력과 혈액량 변화	심방에 혈액으로 채워질 때 내부 압력 점차 증가 ➡ 심방수축으로 심방혈액 대부분이 심실로 유입 ➡ 혈액이 가득차는 동안 심실 압력 감소, 심방수축 동안 심실 압력 증가 ➡ 심실 압력이 폐동맥과 대동맥의 압력을 초과하면 폐순환과 체순환으로 혈액 이동

심장주기(cardiac cycle)란 하나의 심장박동이 시작하여 다음 심장박동이 시작할 때까지의 기간으로, 각 주기는 심장근이 이완해 있는 기간인 이완기(확장기, diastole)와 근육이 수축해 있는 동안의 기간인 수축기(systole)로 나눌 수 있다.

(3) 심장주기와
　　압력-
　　용적 곡선

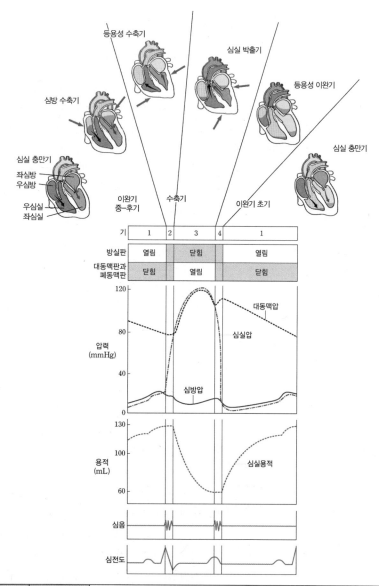

심음	제1심음	방실판(이첨판, 삼첨판)이 닫히는 소리
	제2심음	반월판이 닫히는 소리
판막 상태	수축기	이첨판은 닫혀 있고 반월판은 열려 있음
	이완기	이첨판은 열려 있고 반월판은 닫혀 있음

(3) 심장주기와 압력- 용적 곡선	① 심실 충만기 (ventricular filling)	이완기의 중기부터 후기에 이르는 동안(그림 1기) 체정맥과 폐정맥을 통해 심장으로 되돌아오는 혈액은 자체 압력으로 이완된 심방으로 들어가고 방실판을 지나 심실로 들어간다. 심실이 채워질 때 심실압은 대동맥압과 폐동맥압보다 더 낮으므로 폐동맥판과 대동맥판(반월판)은 닫힌다. 이완기의 후기(1기 말)에 심방이 수축하여 더 많은 혈액을 심실로 밀어 보낸다. 그 후 곧 심방은 이완하고 수축기가 시작된다.
	② 등용성 수축기 (isovolumetric contraction)	수축기 초(2기)에 심실은 수축하여 심실압을 높인다. 심실압이 심방압을 넘어설 때 방실판이 닫힌다. 심실의 압력이 아직은 반월판을 열 만큼 높지 않아 반월판은 닫힌 채로 존재한다. 따라서 이 시점에 모든 판막이 닫혀 있어 혈액은 심실로 흘러들어오지도 않고 밖으로 나가지도 않는다. 그러므로 심실이 수축하고 있지만 심실 내 혈액의 용적은 일정한 채로 유지된다. 이 시기를 등용성 수축기라 한다. 등용성 수축기는 심실의 압력이 반월판을 열 만큼 충분히 커져 혈액이 심실을 떠날 수 있을 때까지 짧은 시간 지속된다.
	③ 심실 박출기 (ventricular ejection)	남은 수축기 동안(3기) 혈액은 열린 반월판을 통해 대동맥과 폐동맥으로 박출되어 심실 용적이 감소한다. 심실로부터 혈액이 나가는 동안 심실압은 최고점까지 올라갔다가 떨어지기 시작한다. 심실의 압력이 대동맥압 이하로 떨어지면 반월판이 닫혀 박출기(수축기)가 끝나고 이완기가 시작된다.
	④ 등용성 이완기 (isovolumetric relaxation)	초기 이완기가 시작될 때(4기) 심실의 심근층은 이완되어 있다. 일부 혈액은 심실 안에 남아 있으며 심실근육의 장력이 작아지는 데는 시간이 걸리기 때문에 여전히 압력을 받고 있다. 심실압은 반월판을 열어 둘 만큼 높지도 않고 방실판을 열 수 있을 만큼 낮지도 않다. 따라서 이 시기에는 모든 판막이 닫혀 있는 상태에서 심실이 이완되고 있지만 심실 내 혈액의 용적은 일정하게 유지된다. 이 시기를 등용성 이완기라 한다. 심실압이 다시 방실판을 열 수 있을 만큼 낮아지면 혈액은 심방으로부터 심실로 들어온다. 이것이 1기의 시작을 나타내며 다시 심장주기가 시작된다.

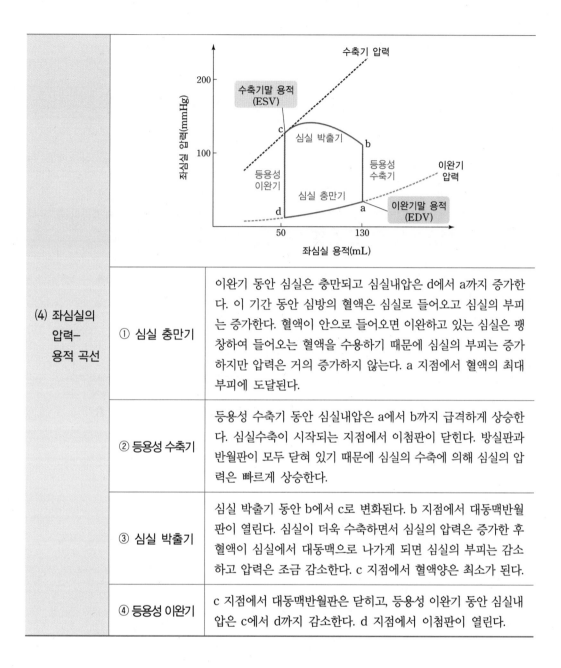

(4) 좌심실의 압력– 용적 곡선	① 심실 충만기	이완기 동안 심실은 충만되고 심실내압은 d에서 a까지 증가한다. 이 기간 동안 심방의 혈액은 심실로 들어오고 심실의 부피는 증가한다. 혈액이 안으로 들어오면 이완하고 있는 심실은 팽창하여 들어오는 혈액을 수용하기 때문에 심실의 부피는 증가하지만 압력은 거의 증가하지 않는다. a 지점에서 혈액의 최대 부피에 도달된다.
	② 등용성 수축기	등용성 수축기 동안 심실내압은 a에서 b까지 급격하게 상승한다. 심실수축이 시작되는 지점에서 이첨판이 닫힌다. 방실판과 반월판이 모두 닫혀 있기 때문에 심실의 수축에 의해 심실의 압력은 빠르게 상승한다.
	③ 심실 박출기	심실 박출기 동안 b에서 c로 변화된다. b 지점에서 대동맥반월판이 열린다. 심실이 더욱 수축하면서 심실의 압력은 증가한 후 혈액이 심실에서 대동맥으로 나가게 되면 심실의 부피는 감소하고 압력은 조금 감소한다. c 지점에서 혈액양은 최소가 된다.
	④ 등용성 이완기	c 지점에서 대동맥반월판은 닫히고, 등용성 이완기 동안 심실내압은 c에서 d까지 감소한다. d 지점에서 이첨판이 열린다.

여러 요인에 의한 좌심실 압력-용적 곡선의 변화

- **확장기말 용적의 증가**
  정맥 환류량의 증가에 의해 확장기말 용적이 증가되면 일회 박출량이 증가된다. 이것은 압력-용적 곡선의 폭이 증가되기 때문이다(a).
- **대동맥 압력의 증가**
  대동맥 압력이 증가되면 일회 박출량이 감소한다. 이것은 압력-용적 곡선의 폭이 감소되기 때문이다. 일회 박출량의 감소는 수축기말 용적의 증가를 초래한다(b).
- **수축력 증가**
  심실의 수축력이 증가되면 정상적인 수축보다 더 큰 장력을 형성하기 때문에 일회 박출량이 증가된다. 일회 박출량의 증가는 수축기말 용적을 감소시킨다(c).

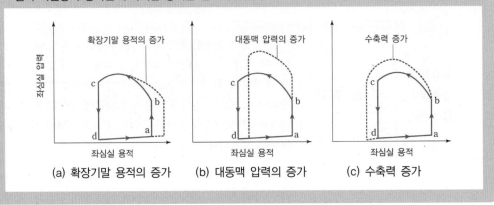

(a) 확장기말 용적의 증가   (b) 대동맥 압력의 증가   (c) 수축력 증가

3. 동맥혈압 2014년 A 서술 3번

(1) 의미와 기능	의미	신체조직과 연결된 모든 동맥의 평균 혈압
	기능	체순환을 통한 혈류 비율 결정

평균동맥혈압 = 이완기 혈압 + 0.33(맥압)

평균동맥혈압 = 심박출량 × 전체 혈관저항

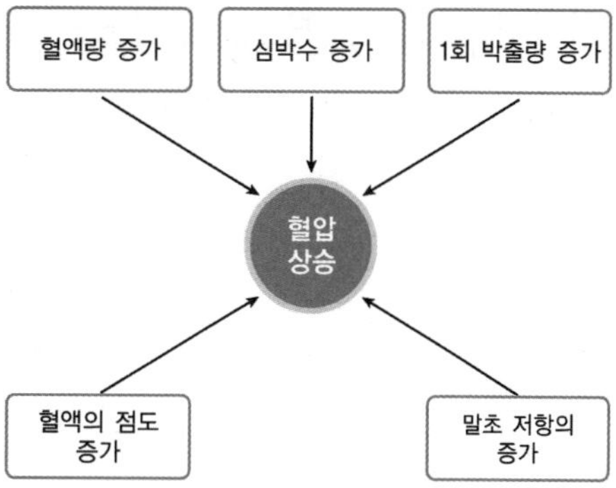

혈액량 증가 / 심박수 증가 / 1회 박출량 증가 → 혈압 상승 ← 혈액의 점도 증가 / 말초 저항의 증가

(2) 동맥혈압 영향 요인

① 심박출량 또는 혈관저항 증가 ➡ 평균동맥혈압 증가

② 심박출량, 혈액량, 혈류저항, 혈액 점도, 혈관 직경, 혈액 온도의 영향

③ 혈압 조절
㉠ 교감신경계에 의한 혈압의 즉각적 조절과 신장에 의한 혈압의 지연적 조절
㉡ 경동맥과 대동맥에 위치한 혈압수용기(baroreceptors) 동맥압력 감지
㉢ 동맥압력 증가 ➡ 혈압수용기 ➡ 심혈관조절중추 ➡ 교감신경 활동 반응 감소 ➡ 심박출량 감소, 혈관 저항 감소 ➡ 혈압 감소

4. 심장 전기적 활동 2017년 A 4번 / 2024년 B 4번

(1) 자극전도	동방결절(SA node, 맥박조정기) ➡ 심방 수축 ➡ 방실결절(AV node) ➡ 좌·우 속가지 ➡ 퍼킨제섬유(Perkinje fiber) ➡ 심실 전체 탈분극
(2) 심전도	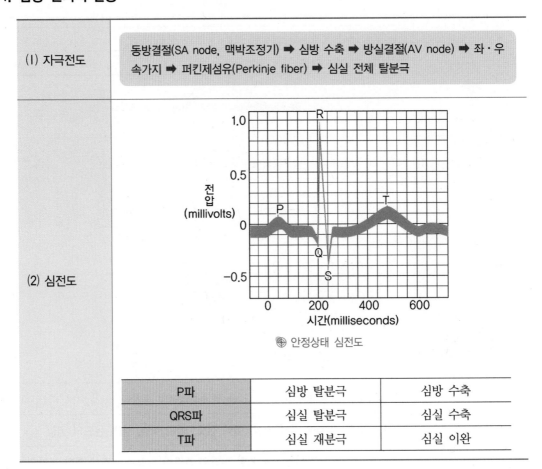 ◉ 안정상태 심전도

P파	심방 탈분극	심방 수축
QRS파	심실 탈분극	심실 수축
T파	심실 재분극	심실 이완

03 심박출량 2002년 14번

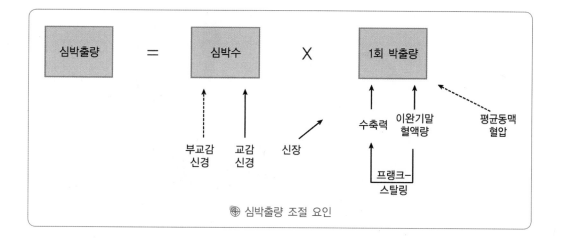

◉ 심박출량 조절 요인

대상	심박수 (beat/min)		1회 박출량 (ml/beat)		심박출량 (ℓ/min)
안정 시					
남자 대학생	72	×	70	=	5.00
여자 대학생	75	×	60	=	4.50
남자 우수선수	50	×	100	=	5.00
여자 우수선수	55	×	80	=	4.40
최대운동					
남자 대학생	200	×	110	=	22.0
여자 대학생	200	×	90	=	18.0
남자 우수선수	200	×	180	=	36.0
여자 우수선수	200	×	125	=	25.0

1. 심박수 조절

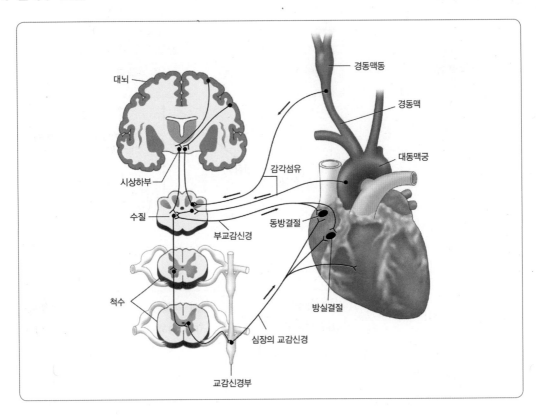

(1) 심혈관조절중추	
(2) 자율운동신경 2022년 B 8번	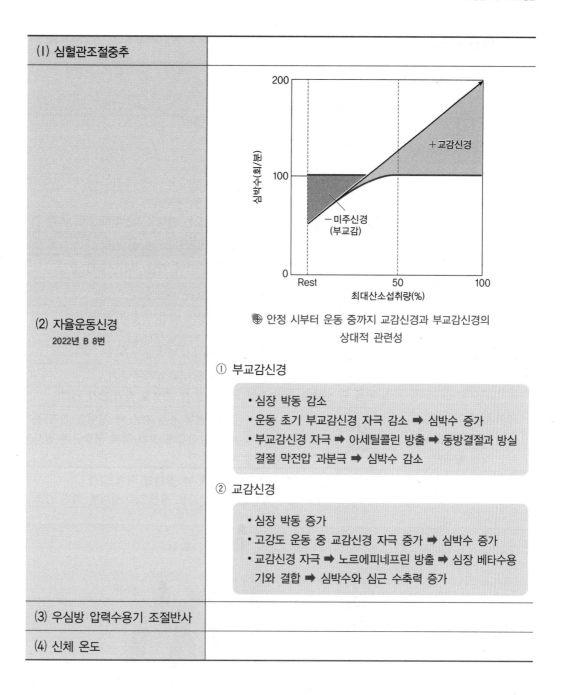 ⊕ 안정 시부터 운동 중까지 교감신경과 부교감신경의 상대적 관련성 ① 부교감신경 ・심장 박동 감소 ・운동 초기 부교감신경 자극 감소 ➡ 심박수 증가 ・부교감신경 자극 ➡ 아세틸콜린 방출 ➡ 동방결절과 방실 결절 막전압 과분극 ➡ 심박수 감소 ② 교감신경 ・심장 박동 증가 ・고강도 운동 중 교감신경 자극 증가 ➡ 심박수 증가 ・교감신경 자극 ➡ 노르에피네프린 방출 ➡ 심장 베타수용 기와 결합 ➡ 심박수와 심근 수축력 증가
(3) 우심방 압력수용기 조절반사	
(4) 신체 온도	

2. 1회 박출량 조절 1999년 추가 4번 / 2005년 18번 / 2009년 28번 / 2015년 A 7번 / 2021년 B 6번 / 2022년 B 8번

<table>
<tr>
<td rowspan="10">(Ⅰ) 심실 이완기말
혈액량(심실수축
직전 혈액량)</td>
<td colspan="2">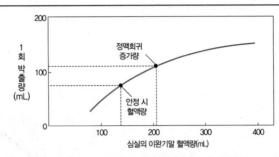</td>
</tr>
<tr>
<td colspan="2">① 심장 이완기말 혈액량은 심장에 들어오는 혈액의 사전부하(preload)로 간주</td>
</tr>
<tr>
<td colspan="2" align="center">프랭크(Frank)와 스탈링(Starling) 법칙</td>
</tr>
<tr>
<td colspan="2" align="center">심실 이완기말 혈액량의 증가에 의한 심실수축력 증가</td>
</tr>
<tr>
<td colspan="2" align="center">박출계수(Ejetion Fraction)</td>
</tr>
<tr>
<td colspan="2" align="center">좌심실 수축 전 혈액양에 대한 박출된 혈액량

$$박출계수(EF) = \frac{1회\ 박출량(SV)}{이완기말\ 혈액량(EDV)} \times 100$$</td>
</tr>
<tr>
<td colspan="2">② 정맥혈 회귀 비율 증가 ➡ 심실 이완기말 혈액량 증가
③ 운동 중 정맥혈 회귀 조절 요인(운동 중 정맥혈 회귀 증가 기전)</td>
</tr>
<tr>
<td>정맥
수축</td>
<td>• 정맥 수축에 따른 정맥혈액 용량 감소 ➡ 정맥혈 회귀 증가
• 심혈관조절중추 ➡ 교감신경에 의한 정맥 평활근의 반사적
  수축 ➡ 정맥혈 회귀 증가</td>
</tr>
<tr>
<td>근육
펌프</td>
<td>• 근육 수축 시 정맥 압축 ➡ 정맥혈 회귀 증가
• 등척성 수축 : 근육펌프 작용 제한으로 정맥혈 회귀 감소

심장방향   이완된 골격근
           심장방향 밸브 열림
      정맥   정맥
     수축된 골격근   밸브 닫힘</td>
</tr>
<tr>
<td>호흡
펌프</td>
<td>흡기 중 흉강 압력 감소와 복강 압력 증가로 복강에서 흉강으
로 정맥혈 회귀 증가</td>
</tr>
</table>

(2) 평균동맥혈압	① 대동맥압을 초과하는 좌심실 압력 형성으로 혈액 방출 ② 심장수축 후에 나타나는 사후부하(afterload)로 심실 혈액의 박출량 저해 ③ 1회 심박출량은 심장의 사후부하와 반비례 ④ 활동근 소동맥 팽창 ➡ 심장의 사후부하 감소 ➡ 1회 박출량 증가
(3) 심실수축력	 ① 교감신경 ② 자율운동신경 　 카테콜라민 ③ 심근 Ca^+

04 혈액 동역학

1. 혈액의 물리적 특징	(1) 구성물질	

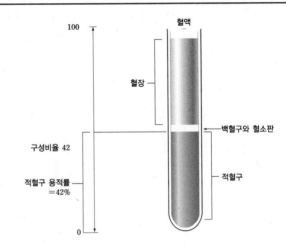

◉ 혈액 구성비율

혈액을 원심분리시키면 적혈구는 시험관 바닥에 가라앉고 혈장은 위로 분리된다. 전체 혈액에 대한 적혈구의 구성비율 (%)을 적혈구 용적률이라 한다.

혈장		이온, 단백질, 호르몬 함유
세포	적혈구	산소 전달 위한 헤모글로빈 함유
	혈소판	혈액 응고
	백혈구	감염 방지

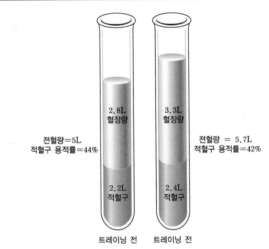

◉ 지구력 트레이닝으로 인한 총 혈액량과 혈장량의 변화

적혈구 용적률은 44%에서 42%로 감소되었지만, 총 적혈구 수는 10%가 증가한다.

혈액 액체성분의 커다란 증가로 인한 이 같은 적혈구에 대한 혈장량 비율의 증가는 혈액의 점성을 감소시키게 된다. 이렇게 되면 혈액이 혈관을 통해서 잘 흘러가게 된다. 특히 모세혈관과 같은 가장 작은 혈관에서 더욱 그렇다. 점성이 낮은 혈액은 운동 중인 근육 조직에 산소운반을 증가시키는 효과가 있다. 고도로 단련된 선수들은 총 헤모글로빈(절대치)양과 총 적혈구 수가 높은 것이 보통이지만 전체 혈액량에 대한 상대치는 정상보다 더 낮다. 이러한 상태는 혈액이 언제나 우리 몸에서 필요로 하는 산소의 수요량을 충족시키고도 남을 수 있는 산소 운반능력을 갖도록 해준다. 강도 높은 트레이닝에 의해 적혈구의 교체 속도 또한 빨라진다.

1. 혈액의 물리적 특징	(1) 구성물질	혈액량	지구성 트레이닝을 하면 총 혈액량이 증가된다. 이 효과는 트레이닝 강도 수준이 높을수록 더 크며 매우 빠른 시간에 이루어진다. 이 같은 혈액량의 증가는 주로 혈장량의 증가에 의해서 이루어지지만, 적혈구의 양 또한 증가하게 된다.
		혈장량	혈장량의 증가는 다음과 같은 두 가지 기전에 의해서 이루어진다. 첫 번째 기전은 특히 알부민(albumin)이라는 혈장 단백질의 증가에 있다. 혈관에서 혈장 단백질이 혈액의 삼투압을 나타내는 중요 기초물질이 된다. 혈장 단백질의 농도가 증가함에 따라서 삼투압도 증가하며, 간질액으로부터 혈관으로 액체가 재흡수된다. 격렬한 운동 동안에 단백질은 혈관에서 나와 간질(interstitial space) 안으로 이동한다. 그러고 나서 단백질은 림프계를 통해 더 많은 양이 혈관으로 되돌아간다. 혈장량의 증가에 있어 초기의 빠른 증가는 아마도 혈장 알부민의 증가에 의한 것이며, 이것은 최초의 트레이닝 운동으로부터 회복기 1시간 이내에서 이루어진다. 두 번째 단계는 단백질 합성이 반복적인 운동에 의해 증가되며, 이로 인해 새로운 단백질이 형성된다. 두 번째 기전을 보면, 운동은 혈장량을 증가시키는, 즉, 신장(kidney)에서 물과 나트륨(sodium)의 재흡수 증가를 야기하는 호르몬인 항이뇨호르몬(antidiuretic hormone, ADH)과 알도스테론(aldosterone)의 분비를 증가시킨다. 이렇게 증가된 액체는 단백질에 의한 삼투압에 의해 혈관 안에 머무르게 된다. 처음 2주 동안의 트레이닝 중에 혈액량 증가의 거의 대부분은 혈장량의 증가에 의한 것이라 할 수 있다.

1. 혈액의 물리적 특징	(1) 구성물질	적혈구	지구성 트레이닝에 의해 적혈구의 양이 증가하는 것도 전체적인 혈액량의 증가에 기여한다. 그러나 이 같은 혈액량의 증가는 연구에서 일관되게 나타나는 것은 아니다. 실제로 적혈구의 숫자가 증가하더라도 적혈구 용적률은 실질적으로 감소하게 된다. 트레이닝에 의해 적혈구가 약간 증가하였음에도 불구하고 적혈구 용적률은 약간 감소한다.
	(2) 혈구용적치		① 적혈구 수치에 따라 변화 ② 적혈구 감소 ➡ 혈액 점성 감소 ➡ 혈구용적치 감소로 빈혈 발생 혈액에서 세포성분이 차지하는 비율을 적혈구 용적률(hematocrit)이라고 한다. 만약 혈액의 42%가 세포이고 나머지 52%가 혈장이라면 적혈구 용적률은 42%이다. 비율에 기초할 때 적혈구는 혈액에서 발견되는 가장 큰 구성성분이 된다. 그래서 적혈구 용적률은 적혈구 수의 증가나 감소에 의해 좌우된다. 일반적인 대학생 남자의 평균 적혈구 용적률은 42%인 반면, 일반 여대생의 적혈구 용적률은 평균 38%이다. 이러한 값은 개인마다 다양하게 나타나며 여러 변인들의 영향을 받는다. 혈액은 물보다 점성이 몇 배 더 높으며 이런 점성은 순환계에서 혈류를 어렵게 한다. 점성에 기여하는 중요한 요인 중 하나는 혈액 내에서 발견되는 적혈구의 농도, 즉, 적혈구 용적률이다. 그래서 빈혈이 일어나면 적혈구가 감소하여 혈액의 점성이 낮아지게 된다. 반대로 적혈구 용적률의 증가는 혈액의 점성을 증가시킨다.

	(1) 압력과 혈류	$$혈류 = \frac{압력차(P1-P2)}{저항}$$ ① 혈류 비율은 혈관 두 끝 간의 압력차(P1-P2)와 비례 ② 혈류는 높은 압력에서 낮은 압력으로 이동 ③ 혈압의 5배 증가를 통한 혈류의 5배 증가 ④ 혈압의 소폭 증가와 상대적으로 높은 감소를 통한 혈관 저항 으로 운동 중 활동근 혈류 증가
2. 압력, 저항, 혈류의 상관관계 2004년 13번	(2) 혈류저항	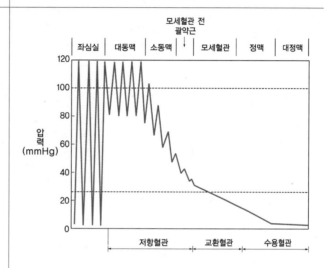 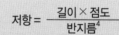 $$저항 = \frac{길이 \times 점도}{반지름^4}$$ ① 혈관 길이, 혈액 점도와 혈류저항 비례 ② 혈관 반지름 4제곱과 혈류저항 반비례 • 혈관직경은 혈관저항 결정의 가장 중요 변인 • 운동 중 골격근 모세혈관 동원과 소동맥 확장 ➡ 혈관 직경 증가 ➡ 혈관저항 감소 ➡ 혈액 이동 증가 ③ 혈관수축과 팽창 • 혈액 운반률 조절 • 운동 중 혈류 재분배 조절 • 고강도 운동 중 활동근 혈류 증가와 비활동근 혈류 감소

Chapter 07 순환계 115

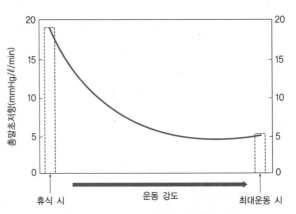

◉ 점진적 운동 시 총 말초저항의 변화

2. 압력, 저항, 혈류의 상관관계
2004년 13번

(2) 혈류저항

동적 운동 중 이완기 혈압은 보통 변화가 없거나 약간 상승 또는 저하하는 양상을 보인다. 그것은 수축기혈압이 주로 심박출량의 영향을 받는 반면 이완기혈압은 세동맥의 저항에 의해 조절되기 때문이다. 동적인 운동 중에서도 팔 같은 소근육운동이 다리 같은 대근육운동보다 더 높은 혈압상승을 초래한다. 그 이유는 소근육운동이 대근육운동에 비해 혈류저항의 감소폭이 적기 때문이다.

3. 혈류속도

10 mL/sec ➡			
Area(A)	1 cm²	10 cm²	100 cm²
Flow(Q)	10 ml/sec	10 ml/sec	10 ml/sec
Velocity(v)	10 cm/sec	1 cm/sec	0.1 cm/sec

◉ 혈관 지름과 혈류속도

각 혈관을 통과하는 혈류량은 10mL/sec로 일정하지만, 속도와 단면적 간의 역상관성 때문에 혈관의 직경이 증가함에 따라 혈류속도는 감소한다.

심혈관계는 이러한 예로 추정될 수 있다. 단면적이 가장 작은 혈관은 대동맥이고 중간 크기의 혈관은 모든 동맥이며, 가장 큰 혈관은 모든 모세혈관이다. 총 혈류량은 각각의 혈관수준에서 서로 같고 심박출량과 동일하다. 속도와 총 단면적 간의 역상관성 때문에 혈류의 속도는 대동맥에서 가장 빠르고 모세혈관에서 가장 느리다. 모세혈관 기능의 관점(즉, 영양물질, 용질, 수분의 교환)에서 보면 낮은 혈류속도가 유리하다. 즉, 모세혈관의 벽을 통과하여 교환되는 시간이 최대이다.

05 운동 중 근육으로 산소 운반 2007년 추가 19번 / 2009년 28번 / 2013년 38번 / 2025년 B 10번

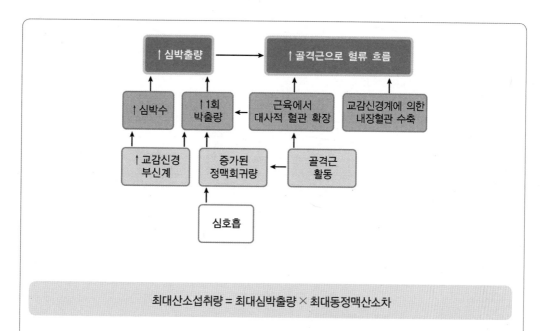

최대산소섭취량 = 최대심박출량 × 최대동정맥산소차

산소공급 또는 산소섭취량은 혈류 × 동정맥산소차이로 계산된다. 이러한 공식을 픽 공식(Fick equation)이라고 한다. 픽 공식을 이용하면 인체의 산소섭취량을 구할 수 있는데 심박출량은 결국 혈류를 뜻하게 된다. 그러므로 픽 공식은 심박출량 × 동정맥산소차이로 계산될 수 있다. 운동 중 혈류 또는 동정맥산소차이의 증가는 산소섭취량을 증가시키게 된다. 활동 중인 조직으로의 혈류는 심박출량 또는 심박출량의 재분배를 통하여 증가되기 때문에 심박출량의 대부분은 활동 근육으로 다시 이동하게 된다. 이 공식은 안정 시, 최대하 운동 시 그리고 최대 운동 시 산소섭취량을 계산하는 데 사용된다. 또한 픽의 공식은 특정 조직의 대사 작용에서 당분과 같은 물질의 흡수율을 계산하는 데에도 유용하게 사용될 수 있다. 혈액 내 물질(예 산소)의 농도가 정맥보다 동맥에서 더욱 크다면 그 조직은 혈액에서 그 물질을 사용했다는 것을 의미한다. 반대로 정맥혈에서의 물질(예 이산화탄소)의 농도가 높다면, 그 조직은 그 물질을 혈액으로 방출했다는 것을 의미한다.

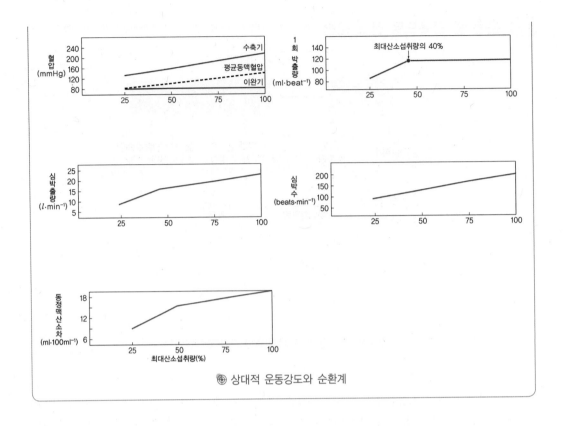

◈ 상대적 운동강도와 순환계

1. 운동 중 심박출량의 변화	① 요구되는 신진대사율과 심박출량 비례 증가 ② 심박출량과 최대산소섭취량의 선형 관계 ③ VO₂ max 약 40~50% 지점에서 1회 박출량 고원 ④ VO₂ max 40~50% 이상 강도에서부터 심박수 증가에 의한 심박출량 증가 ⑤ 30대 이후부터 최대심박수 감소에 의한 최대심박출량 감소 **지구성 트레이닝에 의한 1회 박출량 증가** • 점증부하 운동에서 고도로 훈련된 지구력 운동선수의 1회 박출량은 고원현상 없이 증가 • 지구성 트레이닝 후 점증부하 운동 중 정맥혈 회귀 혈류량 증가에 의한 1회 박출량 증가

① 혈액으로부터 산소추출능력 증가
② 미토콘드리아 수·크기 증가와 모세혈관 밀도 증가 기인
③ 모세혈관 밀도 증가로 최대운동 중 근육의 혈류량 증가
④ 미토콘드리아 확산거리 감소로 충분한 확산이 가능한 혈류속도 감소

2. 운동 중 동정맥 산소함량의 변화 (동정맥산소차)

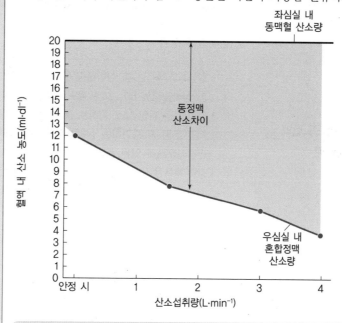

동정맥산소차이(a–v O, dift)는 조직으로 이동하는 혈액 100mL에 존재하는 산소와 조직에서 정맥으로 이동하는 혈액 100mL에 존재하는 산소의 산술적인 차이를 뜻한다. 운동 중에는 혈액에 존재하는 산소가 활동 중인 근육으로 이동하기에 동정맥산소차이를 증가시키게 된다.

동정맥산소차이는 좌심실을 떠나는 동맥혈과 우심방으로 들어가는 정맥혈에 존재하는 산소의 차이로 설명된다. 그러므로 동정맥산소차이는 활동 중이거나 또는 비활동 중인 인체 조직의 모든 동맥과 정맥의 산소차이를 뜻한다. 안정 시 동정맥산소차이는 100mL의 혈액에 약 8mL 정도로 측정된다(위 그래프). 운동 시에 이러한 동정맥산소차이는 더욱 크게 벌어져서 100mL의 혈액에 약 15mL까지 증가된다. 활동 중인 근육 조직 내의 동정맥산소차이는 19mL까지 증가하듯이 동정맥산소차이는 모든 산소가 혈액에서 추출되는 것을 의미하지 않는다. 동정맥산소차이는 좌심실을 떠나는 동맥혈과 우심방으로 들어오는 혈액 내 산소의 차이를 의미한다. 그러므로 동정맥산소차이가 100mL 혈액에 16mL 정도 있는 상태라면 인체의 모든 활동 중인 그리고 비활동 중인 조직의 혈관에서 혼합된 결과를 뜻한다. 조직으로의 산소공급은 혈류에 의해서도 영향을 받기에 동정맥산소차이는 조직으로의 산소공급의 한 가지 양상을 보여주는 것이다.

3. 운동 중 혈액 재분배	① 혈류변화 • 비활동조직(간장, 신장, 췌장) 혈류량 감소 ➡ 활동근 혈류량 증가 ➡ 운동 중 골격근의 산소요구량 충족 • 운동강도 증가 ➡ 운동 중 근혈류량 증가 ➡ 내장기관 혈류량 감소 ② 심박출량 분배 • 안정상태에서는 총 심박출량의 15~20% 정도, 최대운동 중(직후)에는 총 심박출량의 80~85% 정도 수축근으로 이동 • 강한 운동 동안 뇌로 향하는 총 혈류량의 비율은 안정상태보다 감소하지만 운동 중 증가하는 심박출량에 의해 뇌에 도달하는 절대혈류량은 안정상태보나 약간 증가 • 강한 운동을 하는 동안 피부와 복부조직 혈류량은 운동강도와 비례하여 감소 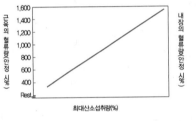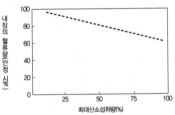 ◉ 운동강도에 따른 근육과 내장 혈류

4. 운동 중 국부 혈류량 조절	**(1) 안정상태 근육 혈류 조절**	① 소동맥 교감신경 자극 ② 일정한 혈류저항 유지
	(2) 운동 중 근육 혈류 조절	① 심혈관조절중추 • 운동 중 교감신경 자극 증가 ➡ 내장혈관 수축 증가 • 활동근 혈액 이동 증가와 비활동근 혈액 이동 감소 ② 교감신경계 활동 감소 • 운동 시작 초기 활동근 소동맥의 혈류저항 감소 유발 • 교감신경 자극 감소 ➡ 활동근의 소동맥 혈관 확장 ➡ 혈류저항 감소 ③ 자율조절(autoregulation)

표 (③ 자율조절 내부):

혈류의 내재적 조절		
화학성 조절	산소 분압, 이산화탄소 분압, pH 감소, 칼륨, 아데노신, 산화질소 감지에 의한 혈류 조절	
모세혈관 개방	낮은 강도	적은 수의 운동단위 동원 ➡ 상대적으로 낮은 근섬유 혈류 형성
	높은 강도	많은 수의 운동단위 동원 ➡ 혈관 확장 ➡ 상대적으로 높은 근섬유 혈류 형성

내인성 조절	혈액 분배의 내인성 조절은 세동맥을 확장하거나 수축시켜 조직들의 즉각적인 요구에 따라 국소혈류를 바꿔주는 국소 조직의 능력과 관련이 있다. 운동 시 골격근에는 대사활동이 증가되며 이를 통하여 근육의 세동맥에 국소적 혈관 확장을 일으킴으로써 활동이 큰 조직에 더 많은 혈액이 들어갈 수 있게 한다. 혈류의 내인성 조절에는 필수적인 3가지 유형이 있다. 첫째, 국소적인 혈관 확장 화학물 중 가장 강력한 자극제는 산소요구량 증가이다. 대사가 활발한 조직에서 산소소비가 증대되면 상대적으로 이용 가능한 산소량은 줄어들게 된다. 이를 해결하기 위하여 국소 세동맥은 대사가 활발한 조직에 더 많은 산소를 운반하기 위해 더 많은 혈액을 보낼 수 있도록 혈관을 확장시킨다. 혈관량 증가를 자극할 수 있는 다른 화학적 변화들은 영양소의 감소와 부산물(CO_2, K^+, J^+, 젖산)의 증가, 그리고 염증 유발 화학물질 등이 있다. 둘째, 많은 혈관 확장 물질이 세동맥의 내피 안에서 생성되고, 세동맥의 혈관 평활근에 혈관 확장을 유도할 수 있다. 이러한 물질에는 산화질소, 프로스타글란딘, 내피세포에서 유래된 과분극인자가 포함된다. 이러한 내피세포에서 유래된 혈관확장제들은 인간의 휴식 시와 운동 시 혈류 조절에 있어 중요한 역할을 한다. 셋째, 혈관 내의 압력 변화는 혈관 자체의 확장과 수축의 원인이 될 수 있다. 이것을 '근원성 반응'이라고 일컫는다. 혈관 벽의 압력 증가에 따른 반응으로 혈관 평활근은 수축을 일으키고, 압력의 감소는 혈관 평활근을 이완시킨다. 게다가 아세틸콜린과 아데노신도 운동 중에 근육 혈류의 증가를 위한 잠재적인 혈관 확장제로 제시되었다.
외인성 신경 조절	기관이나 조직 내에서 혈액의 재분배를 원활하게 하는 내인성 조절과 달리 신체 시스템이나 전 조직 수준에서 혈류의 재분배를 필요로 하기도 하는데, 이러한 것은 신경적 메커니즘에 의해 이루어진다. 이와 같은 과정을 혈류의 '외인성 신경 조절'이라고 하며, 이는 내인성 조절이 조직 내에서 이루어지는 것과 달리 특정 영역 밖에서부터 비롯되기 때문이다. 몸 전체 부위로의 혈류는 주로 교감신경계에 의해 조절된다. 동맥과 세동맥 벽 안을 원형의 층을 이루고 있는 평활근은 교감신경에 의해 지배를 받고 있다. 대부분의 혈관에서 교감신경 활성의 증가는 혈관 벽 내에 원형을 이루고 있는 평활근 세포를 수축시켜 혈관 지름을 줄이고, 이에 따라 혈류가 감소한다. 일반적인 안정 상태에서는 교감신경이 지속적으로 혈관, 특히 세동맥에 자극을 보내 혈관이 적당히 수축하게 하여 적당한 혈압을 유지할 수 있게 한다. 이와 같은 혈관의 긴장 수축 상태를 '혈관운동 긴장'이라고 한다. 교감신경 자극이 커지면, 어느 특정 부위의 혈관이 평상시 긴장 상태보다 더 수축하여 그 부위의 혈류량이 줄고, 이는 다른 부위에 더 많은 혈류를 보낼 수 있게 만들어준다. 그러나 교감신경 자극이 혈관의 긴장을 유지하는 데 필요한 자극 수준 이하로 떨어지면 그 부위의 혈관 수축이 감소하는데 이는 수동적으로 혈관이 확장되는 결과를 가져와 그 부분의 혈류량을 증가시킨다. 그러므로 교감신경의 자극은 대부분의 혈관에서 혈관수축을 일으킨다. 그러나 교감신경 자극을 정상적인 긴장 수준보다 낮춤으로써 혈류는 수동적으로 증가될 수 있다.

06 운동 중 순환반응 : 운동형태, 운동강도, 운동시간, 환경상태의 영향

1. 감정적 영향	① 감정적으로 부담을 느끼는 상태에서 심박수 증가 ② 감정 상승은 교감신경, 심박수, 혈압 증가 유발 ③ 최대운동 중 최대 심박수와 최대 혈압 도달	
2. 안정에서 운동으로 전환	① 운동 초기 심박수, 1회 박출량, 심박출량의 빠른 증가 ② 젖산역치 이하(최대하) 강도 운동 중 심박수, 1회 박출량, 심박출량은 2~3분 이내 항정상태에 도달 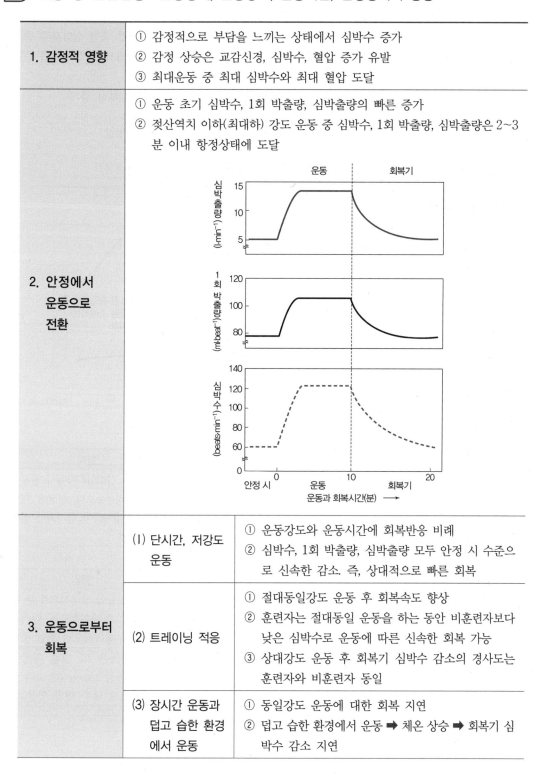	
3. 운동으로부터 회복	(1) 단시간, 저강도 운동	① 운동강도와 운동시간에 회복반응 비례 ② 심박수, 1회 박출량, 심박출량 모두 안정 시 수준으로 신속한 감소. 즉, 상대적으로 빠른 회복
	(2) 트레이닝 적응	① 절대동일강도 운동 후 회복속도 향상 ② 훈련자는 절대동일 운동을 하는 동안 비훈련자보다 낮은 심박수로 운동에 따른 신속한 회복 가능 ③ 상대강도 운동 후 회복기 심박수 감소의 경사도는 훈련자와 비훈련자 동일
	(3) 장시간 운동과 덥고 습한 환경 에서 운동	① 동일강도 운동에 대한 회복 지연 ② 덥고 습한 환경에서 운동 ➡ 체온 상승 ➡ 회복기 심박수 감소 지연

4. 점진적 운동	① 운동 중 산소섭취량과 비례하여 심박수, 심박출량, 근육으로 가는 혈류 증가 ② $VO_2\, max$ 100%에서 심박출량 고원 발생 ③ 점진적 운동 중 혈관저항 감소와 평균동맥압 증가를 통한 심박출량 증가 ④ 점진적 운동 중 이완기 혈압은 거의 일정하게 유지되고, 수축기 혈압 증가를 통한 평균동맥압 증가 유도 ⑤ 운동 중 심박수와 수축기혈압 증가에 의한 심장의 부하 증가 심근산소소비량 = 심박수 × 수축기혈압 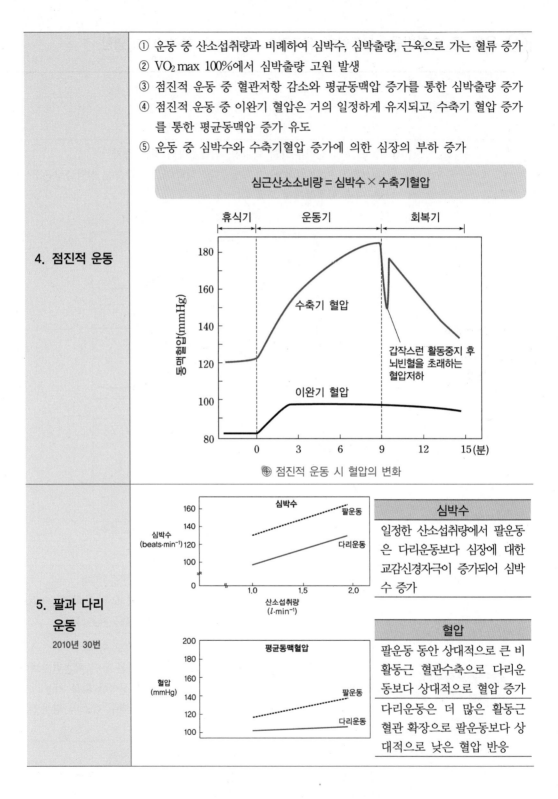 ◉ 점진적 운동 시 혈압의 변화

5. 팔과 다리 운동
2010년 30번

(심박수 그래프)	**심박수** 일정한 산소섭취량에서 팔운동은 다리운동보다 심장에 대한 교감신경자극이 증가되어 심박수 증가
(평균동맥혈압 그래프)	**혈압** 팔운동 동안 상대적으로 큰 비활동근 혈관수축으로 다리운동보다 상대적으로 혈압 증가 다리운동은 더 많은 활동근 혈관 확장으로 팔운동보다 상대적으로 낮은 혈압 반응

6. 간헐적 운동	① 시원한 환경에서 낮은 강도 훈련은 상대적으로 짧은 시간 내 회복
	② 높은 운동강도, 덥고 습한 환경에서 수행은 각 인터벌 구간의 심박수를 점진적으로 증가시켜 회복 지연
7. 장시간 운동 2023년 B 9번	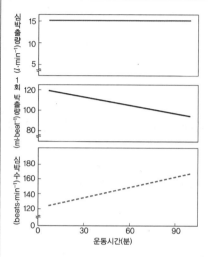 ① 일정한 심박출량 유지 체온 증가, 피부혈관 확장, 탈수 의한 혈장량 감소 ➡ 정맥혈 회귀 감소 ➡ 1회 박출량 감소 ➡ 심박수 증가 ➡ 심박출량 유지(심혈관 유동) ② 덥고 습한 환경에서 장시간 운동 • 보다 큰 1회 박출량 감소와 높은 심박수로 심박출량 유지 • VO_2 max 70~75% 강도 2시간 30분간 마라톤 레이스 마지막 1시간 동안 최대 심박수 유지

07 운동에 대한 심혈관 반응 조절

1. 심혈관조절중추

2. 근육 화학수용기

근육대사물질(칼륨, 젖산 등) 증가를 감지하여 운동압력반사(exercise pressor reflex) 작용으로 근육대사 정보를 대뇌(중추)로 전달

3. 근육 기계수용기

근방추, 골지건, 관절수용기 등이 운동에 대한 기계적 정보를 상위 대뇌중추로 전달

4. 동맥압 수용기

동맥혈압을 감지하여 심혈관조절중추로 전달

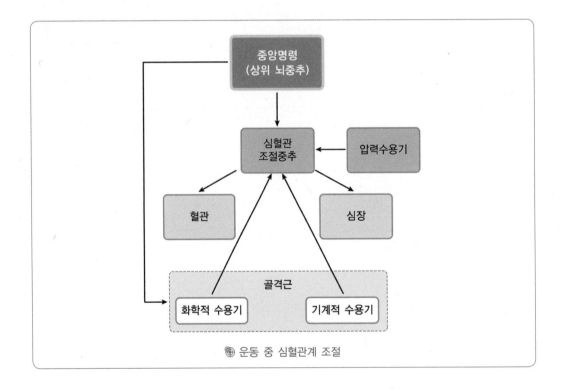

◉ 운동 중 심혈관계 조절

호흡계

01 폐 기능

1. 외부 환경과 인체 간 가스 교환	① 폐와 혈액을 통한 산소 공급과 이산화탄소 제거 ② 폐와 혈액에서 산소와 이산화탄소 교환	
	환기	공기 유입과 유출에 대한 폐의 기계적 과정
	확산	농도가 높은 곳에서 낮은 곳으로의 분자 이동
2. 격심한 운동 중 산·염기 조절	운동 중 혈액가스의 항상성 유지	
3. 호흡의 정의와 유형	(1) 폐호흡 (pulmonary respiration)	환기에 의한 가스 교환
	(2) 세포호흡 (cellular respiration)	조직의 산소 이용과 이산화탄소 생성

02 호흡계 구조

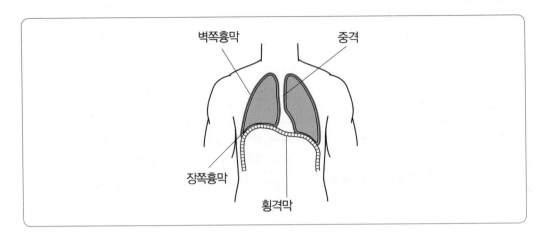

1. 공기 전도영역	① 폐 호흡영역에 대한 수분 첨가와 공기 여과 ② 습도 유지에 의한 체온 보호와 건조한 폐조직 예방
2. 호흡 교환기관	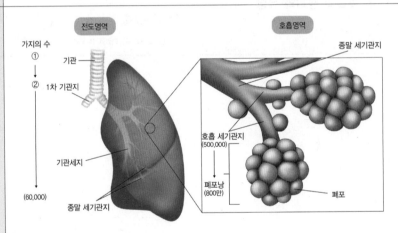 ① 3억 개의 폐포(0.25~0.50mm 지름) 가스 교환 ② 폐표면적 공기 확산 ③ 폐포세포와 모세혈관세포 두께에 의하여 확산속도 결정

03 호흡 원리 2024년 A 12번

1. 흡기	(1) 흡기근		
	안정 시 흡기근	• 횡격막 • 외늑간근	
	운동 중 보조흡기근	• 소흉근 • 사각근 • 흉쇄유돌근	
	(2) 횡격막		
	• 횡격막 수축 ➡ 흉막내압 감소 　➡ 폐 확장 • 횡격막 수축 ➡ 폐 내 압력 감소 　➡ 인체 밖 공기 유입		
2. 호기	안정	수동적 호기	
	운동	• 수의적 과환기 능동적 　호기 • 내늑간근 • 복직근 • 외복사근	

흡기근육 / 호기근육

흉쇄유돌근
사각근
외늑간근
내늑간근
외복사근
횡격막
외복사근
횡복사근
복직근

호흡근과 운동	• 호흡근육 동맥혈 가스와 pH의 항상성 유지 • 운동 중 폐호흡 증가로 호흡근의 작업부담 증가 • 규칙적인 지구력 훈련 : 호흡근의 산화능력과 지구력 증가

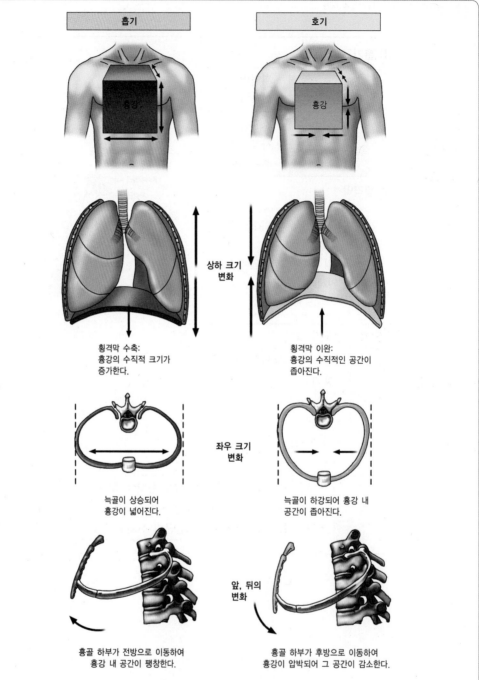

흡기	호기

상하 크기 변화

횡격막 수축:
흉강의 수직적 크기가
증가한다.

횡격막 이완:
흉강의 수직적인 공간이
좁아진다.

좌우 크기 변화

늑골이 상승되어
흉강이 넓어진다.

늑골이 하강되어 흉강 내
공간이 좁아진다.

앞, 뒤의 변화

흉골 하부가 전방으로 이동하여
흉강 내 공간이 팽창한다.

흉골 하부가 후방으로 이동하여
흉강이 압박되어 그 공간이 감소한다.

◉ 호흡 중 흉강 크기의 변화

흉부 구조는 흡기 및 호기가 진행되는 동안 흉강 크기의 변화를 나타낸다. 흡기는 흉부 공간의 상하, 좌우 크기의 증가와 관련이 있고, 호기는 흉부 크기의 감소와 관련이 있다.

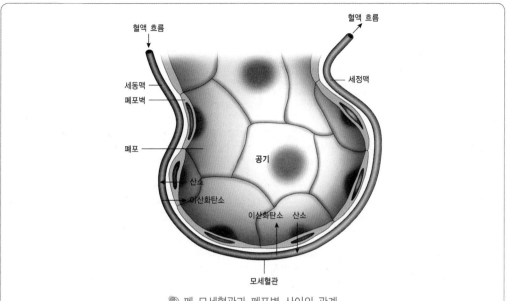

◉ 폐 모세혈관과 폐포벽 사이의 관계

산소(O_2)는 폐포의 공기에서 모세혈관으로 확산되는 반면, 이산화탄소(CO_2)는 모세혈관에서 폐포로 확산된다.

04 **폐에서의 환기** 2018년 A 7번

1. 분당 환기량	분당 환기량(V) = 1회 호흡량(V_T) × 분당 호흡 빈도수(f)		
	체중 70kg 성인의 환기량		
	안정	분당 7.5ℓ, 1회 호흡량 0.5ℓ, 15회 호흡수	
	최대운동 중	분당 120~175ℓ, 1회 호흡량 3.5ℓ, 40~50회 호흡수	
2. 사강환기량과 폐포환기량	(1) 사강환기량	매 호흡마다 일정량의 공기가 공기 전달 통로(기관, 기관지 등)에 머물러 가스 교환에 참여하지 않는 환기량	
	(2) 폐포환기량	• 분당 환기량 = 폐포환기량 + 사강환기량 • 폐포환기량 = 분당 환기량 − 사강환기량 • 폐포환기량 = (1회 호흡량 − 사강) × 호흡수	

05 폐용적과 폐용량 2024년 A 12번

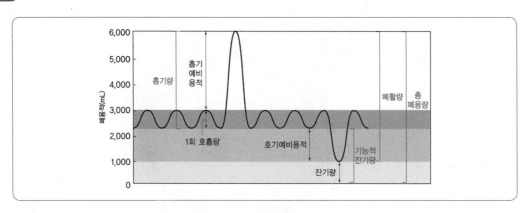

용어		공기량	정의
폐용적	1회 호흡량(TV)	500mL	일반적인 호흡주기 동안의 흡기 or 호기량
	흡기예비용적(IRV)	3,000mL	1회 호흡 후에 최대로 흡기될 수 있는 공기량
	호기예비용적(ERV)	1,200mL	1회 호흡 후에 최대로 호기될 수 있는 공기량
	잔기량(RV)	1,300mL	최대 호기 후의 폐 내 남아 있는 공기량. 즉, 수의적으로 절대 호기될 수 없는 공기량
폐용량	폐활량(VC)	4,700mL	최대 흡기 후의 강제로 호기될 수 있는 공기량 VC = (ERV+TV+IRV)
	흡기량(IC)	3,500mL	일반적인 호기 후의 최대로 흡기될 수 있는 가스량 IC = TV+IRV
	기능적 잔기량(FRC)	2,500mL	일반적인 호기 후 폐에 잔존해 있는 공기량 FRC = RV+ERV
	총 폐용량(TLC)	6,000mL	최대흡기 후 총 폐용량 TLC = RV+VC

06 가스 확산

1. 피크의 확산법칙(Fick's law of diffusion) 2024년 A 12번

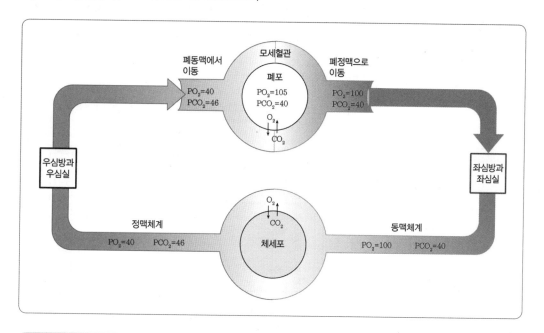

$$가스\ 운반율 = \frac{조직의\ 면적}{조직의\ 두께} \times 확산계수 \times 조직의\ 두\ 면\ 간\ 분압차$$

2. 헨리의 법칙(Henry's law)

① 산소와 이산화탄소가 혈액으로 용해되는 양
② 혈액 온도, 가스 분압, 가스 용해도에 의한 영향으로 산소와 이산화탄소의 혈액 용해량 결정

07 혈액의 산소와 이산화탄소 운반

1. 혈액 내 산소 운반	(1) 적혈구 내 단백질 헤모글로빈(hemoglobin)과 화학적 결합되어 산소 운반	
	(2) 헤모글로빈 각 분자당 4개의 산소 분자 운반	① 산화형 헤모글로빈 ② 환원형 헤모글로빈

| 2. 산화형 헤모글로빈 해리곡선

2015년 A 7번 | (1) 해리곡선의 이해 | 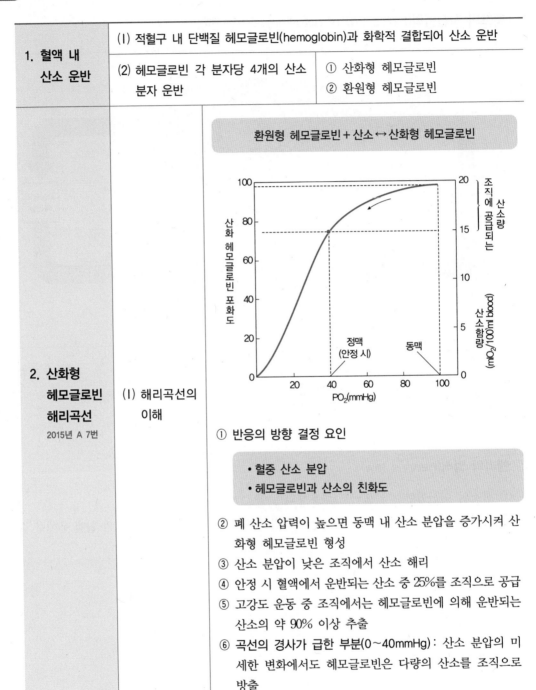 |

① 반응의 방향 결정 요인

- 혈중 산소 분압
- 헤모글로빈과 산소의 친화도

② 폐 산소 압력이 높으면 동맥 내 산소 분압을 증가시켜 산화형 헤모글로빈 형성
③ 산소 분압이 낮은 조직에서 산소 해리
④ 안정 시 혈액에서 운반되는 산소 중 25%를 조직으로 공급
⑤ 고강도 운동 중 조직에서는 헤모글로빈에 의해 운반되는 산소의 약 90% 이상 추출
⑥ 곡선의 경사가 급한 부분(0~40mmHg) : 산소 분압의 미세한 변화에서도 헤모글로빈은 다량의 산소를 조직으로 방출

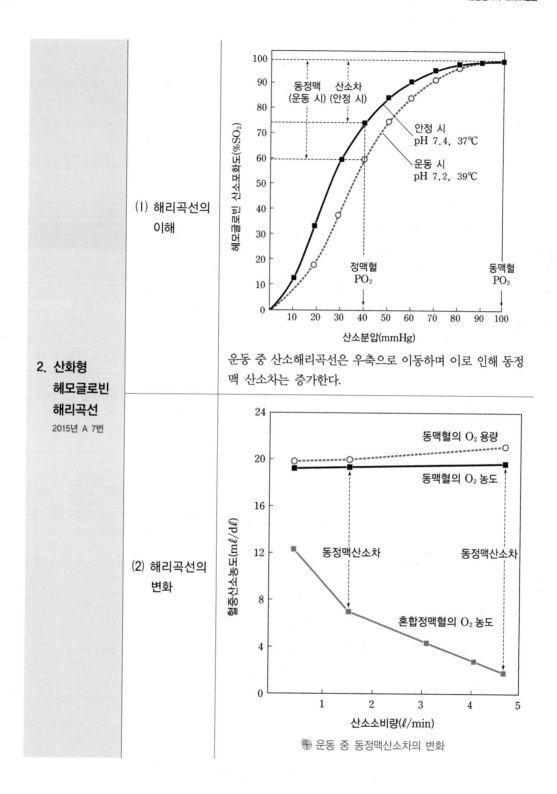

2. 산화형 헤모글로빈 해리곡선 2015년 A 7번	(1) 해리곡선의 이해	
	(2) 해리곡선의 변화	

운동 중 산소해리곡선은 우축으로 이동하며 이로 인해 동정맥 산소차는 증가한다.

⊕ 운동 중 동정맥산소차의 변화

		pH(산도)
		• **보어효과(Bohr effect)** : 혈중 pH 감소(산도가 높아지면) ➡ 해리곡선의 우측 이동
		• 고강도 운동 중 혈중 젖산 농도 증가 ➡ 해리곡선 우측 이동
		• 고강도 운동 중 정상보다 높은 혈중 H^+수준(산성증)은 헤모글로빈과 산소 친화도를 감소시키고 조직으로 산소 공급 촉진
	(2) 해리곡선의 변화	온도
		• 체온 증가 ➡ 해리곡선 우측 이동
		• 혈액 온도 증가는 산소와 헤모글로빈 결합력을 약화시켜 근육으로 산소공급 촉진
2. 산화형 헤모글로빈 해리곡선 2015년 A 7번		2-3DPG
		• 적혈구 세포의 해당작용 부산물인 2-3DPG 생성 ➡ 해리 곡선 우측 이동
		• 고지환경과 빈혈(혈중 헤모글로빈 감소)에서 2-3DPG 증가

(3) 근육 내 마이오글로빈의 산소 운반

(4) 혈액 내 이산화탄소 운반

운반 형태	
용해	혈중 이산화탄소의 약 10%
헤모글로빈과 결합한 카바미노헤모글로빈	혈중 이산화탄소의 약 20%
중탄산(HCO_3^-)	혈중 이산화탄소의 약 70%

2. 산화형
헤모글로빈
해리곡선
2015년 A 7번

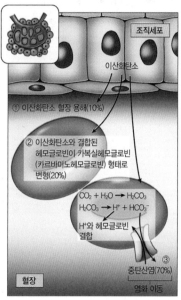

⊚ 조직에서 혈액으로 이산화탄소 이동

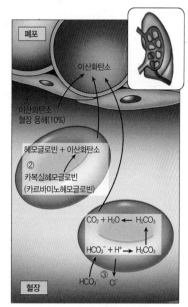

⊚ 혈액에서 폐의 폐포로 이산화탄소 이동

왼쪽 그림은 세포로부터 이산화탄소가 방출되고 혈액으로 이동한다는 것을 나타낸다. 이산화탄소는 조직세포에서 배출되어 혈액으로 이동하며 세 가지 형태로 수송된다. ① 혈장 용해, ② 헤모글로빈과 결합하여 카복실헤모글로빈 형성, ③ 중탄산염이다. 중탄산염은 적혈구에서 나오며 염화물은 적혈구로 들어가 세포의 전기화학적 균형을 유지한다.

오른쪽 그림은 혈액으로부터 폐의 폐포로 이산화탄소의 이동을 설명한다. 이산화탄소가 폐로 방출될 때, '역염화 이동'이 생기고, 탄산이 이산화탄소와 물로 분해된다.

08 환기와 산-염기 조절

1. 폐환기에 의한 pH 조절

2. 중탄산 반응을 통한 혈액의 수소 제거

$$\text{폐} \longleftarrow$$
$$CO_2 + H_2O \longleftrightarrow H_2CO_3 \longleftrightarrow H^+ + HCO_3^-$$
$$\text{근육} \longrightarrow$$

01

09 운동 중 호흡과 혈액-가스 변화

1. 안정에서 일정 부하 최대하운동 전환 (젖산역치 이하 강도)		① 운동 초기 호기량의 급격한 증가 후 항정상태 도달 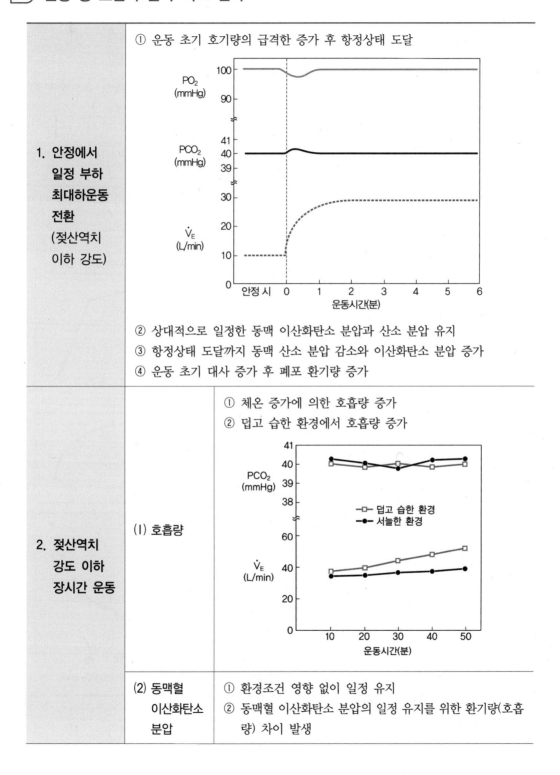 ② 상대적으로 일정한 동맥 이산화탄소 분압과 산소 분압 유지 ③ 항정상태 도달까지 동맥 산소 분압 감소와 이산화탄소 분압 증가 ④ 운동 초기 대사 증가 후 폐포 환기량 증가
2. 젖산역치 강도 이하 장시간 운동	(1) 호흡량	① 체온 증가에 의한 호흡량 증가 ② 덥고 습한 환경에서 호흡량 증가
	(2) 동맥혈 이산화탄소 분압	① 환경조건 영향 없이 일정 유지 ② 동맥혈 이산화탄소 분압의 일정 유지를 위한 환기량(호흡량) 차이 발생

| 3. 점진적 운동 | (1) 환기역치(VT)

VO₂ max 50~75% 이상에서 호흡량의 비선형적 증가 지점

(2) 우수선수의 고강도 운동 중 저산소혈증 발생
  ① 고도로 훈련된 장거리 달리기 선수의 경우 최대강도 운동에서 30~40mmHg로 산소 분압(저산소혈증) 감소
  ② 저산소혈증 |

(1) 환기역치(VT)

> VO_2 max 50~75% 이상에서 호흡량의 비선형적 증가 지점

(2) 우수선수의 고강도 운동 중 저산소혈증 발생
　① 고도로 훈련된 장거리 달리기 선수의 경우 최대강도 운동에서 30~40mmHg로 산소 분압(저산소혈증) 감소
　② 저산소혈증

저산소혈증 요인

- 환기량 및 관류비율의 부조화
- 산소의 제한적 확산으로 고강도 운동 중 폐포에서 폐모세혈관 내 적혈구로 산소 이동(산소 확산) 시간 감소

3. 점진적 운동

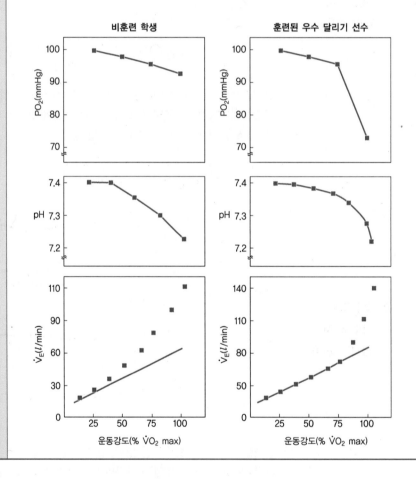

10 호흡조절 2002년 13번 / 2011년 29번

1. 안정상태 호흡조절	(1) 호흡조절중추	① 연수 ② 안정 시 수동적 호기

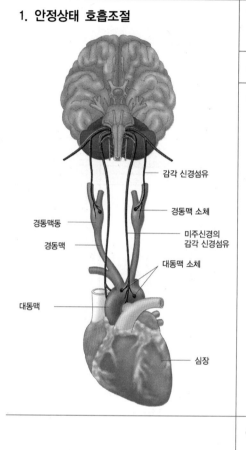

감각 신경섬유
경동맥 소체
경동맥동
미주신경의 감각 신경섬유
경동맥
대동맥 소체
대동맥
심장

(2) 호흡조절중추의 신호 전달

(3) 화학수용기

중추 화학수용기
• 뇌척수액(CSF)의 수소이온(H^+)과 이산화탄소 분압 감지 • 수소이온(H^+)과 이산화탄소 분압 증가 ➡ 호흡 중추로 구심성 정보 전달 ➡ 호흡 증가

말초 화학수용기
• 대동맥 소체(aortic body)와 경동맥 소체 • 동맥 수소이온(H^+)과 이산화탄소 분압 증가에 대하여 반응 • 경동맥 소체는 혈중 칼륨 농도에 대하여 민감하게 반응

2. 혈액 내 산소 · 이산화탄소 분압, 칼륨의 영향	① 동맥 내 이산화탄소 분압 증가 ➡ 호흡량 증가 ➡ 환기량 증가 ② 고지환경 산소 분압 감소 ➡ 호흡량 증가 ③ 혈액 칼륨 증가 ➡ 경동맥 소체 자극 증가 ➡ 호흡량 증가
3. 호흡조절중추로 신경 전달	① 근방추, 골지건, 관절수용기 ② 근육 내 화학수용기 ③ 심장 우심실 기계적 수용기에 의한 운동 초기 구심 전달

① 호흡조절중추
② 화학수용기
③ 덥고 습한 환경에서 중강도 운동 중 환기량 증가

덥고 습한 환경 환기량 조절 변인

- 호흡조절중추
- 혈액 온도 상승
- 혈중 카테콜라민(에피네프린과 노르에피네프린) 증가

4. 최대하 운동 중 호흡조절

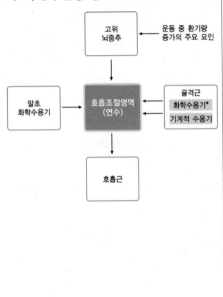

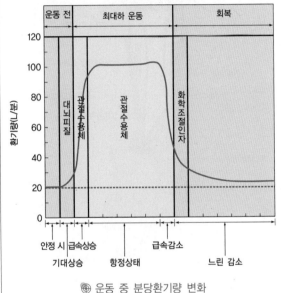

◉ 운동 중 분당환기량 변화

5. 고강도 운동 중 호흡조절	(1) 1차 기전	① 혈중 pH 감소와 젖산 증가 ② 환기량의 비직선적 증가 ③ 점증부하 운동 중 혈중 젖산 농도 증가와 환기역치 발생
	(2) 2차 기전	① 혈중 칼륨 증가 ② 체온 상승 ③ 혈중 카테콜라민 상승 ④ 구심성 신경자극 증가 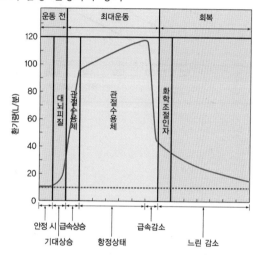 ◉ 운동 중 분당환기량의 변화 운동강도 증가 ➡ 운동단위 동원의 비직선적 증가 ➡ 호흡조절중추로의 구심성과 원심성 신경자극 증가 ➡ 환기량 증가 ➡ 환기역치 발생 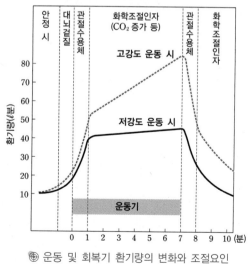 ◉ 운동 및 회복기 환기량의 변화와 조절요인

지구성 트레이닝에 의한 환기량

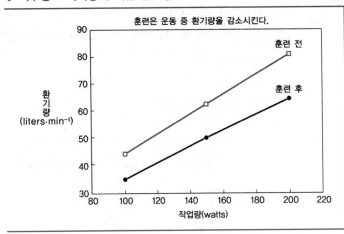

- 지구력 훈련 후 최대하 운동 중 환기량 감소
- 지구성 훈련으로 운동 중 젖산 생성 감소와 호흡을 촉진하는 활동근 구심성 피드백 감소로 절대동일강도 운동에서 환기량 감소

Chapter 09 운동 중 산-염기 평형

01 산, 염기, 산도

1. 산(acid)

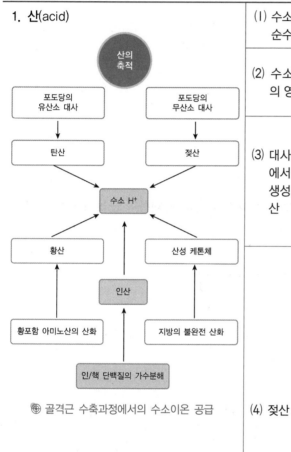

◉ 골격근 수축과정에서의 수소이온 공급

(1) 수소이온을 방출하여 수용액의 수소이온 농도를 순수한 물보다 높이는 분자

(2) 수소이온의 영향
① 화학반응속도 변화
② 세포단백질 변형
③ 효소기능

(3) 대사과정에서 생성되는 산
① 휘발산: 이산화탄소

$$CO_2 + H_2O \longleftrightarrow H_2CO_3 \longleftrightarrow H^+ + HCO_3^-$$

② 고정산: 황산, 인산
③ 유기산: 젖산, 아세트산

(4) 젖산

강산으로 경기력 제한

운동 중 젖산 증가 요인
• 운동강도
• 사용된 근육의 양
• 운동시간

스포츠 종목	산-염기 장애 정도
100m 스프린트	상
100m 수영	상
400m 달리기	상
800m 달리기	상
1,500m 달리기	중 - 상
5,000m 달리기	중
10,000m 달리기	하 - 중
마라톤	하

2. 염기

① 수소이온과 결합하여 용액의 수소이온 농도를 낮추는 분자
② 대사과정에서 생성되는 염기: 중탄산염(HCO_3^-)

3. 산도(pH)

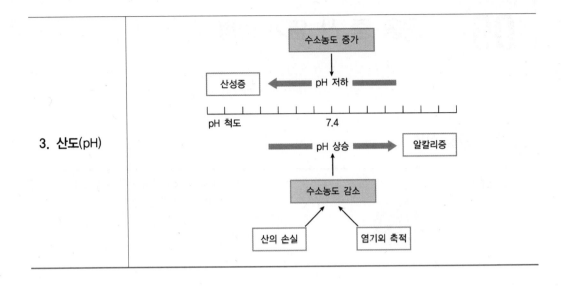

02
근육 내 수소이온 증가의 영향

1. 유산소성, 무산소성 ATP 생산에 관여하는 효소 기능을 억제하여 근육세포 ATP 생산능력 감소

2. Ca^+과 트로포닌(troponin) 결합 방해로 근수축 제한

03 산-염기 평형조절

$CO_2 + H_2O \longleftrightarrow H_2CO_3 \longleftrightarrow H^+ + HCO_3^-$		
1. 호흡계	(1) 혈중 이산화탄소 증가	① HCO_3^- 형성 ② pH 감소 유도
	(2) 혈중 이산화탄소 감소	① CO_2 형성 ② pH 증가 유도
	(3) 환기에 의한 혈액 내 이산화탄소 양을 조절하여 빠르게 혈중 pH 조절	
2. 신장	① 지연적 혈중 pH 조절 ② pH 감소(H^+ 증가) 상황에서 신장의 중탄산염 재흡수 증가	

04 운동 중 산-염기 평형조절 2010년 27번

① 점증 운동부하 검사의 최대운동 중 근육 젖산이 증가하여 근육과 혈액 pH 감소
② 혈액은 근육보다 높은 완충력 보유

1. 점증부하 운동

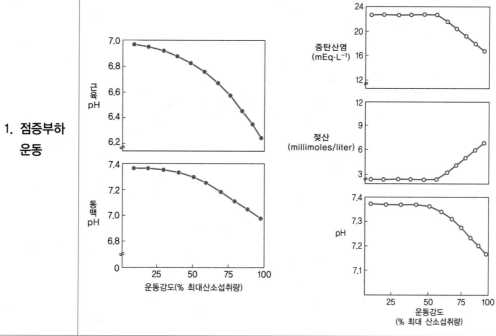

2. 운동 중 산-염기 균형조절

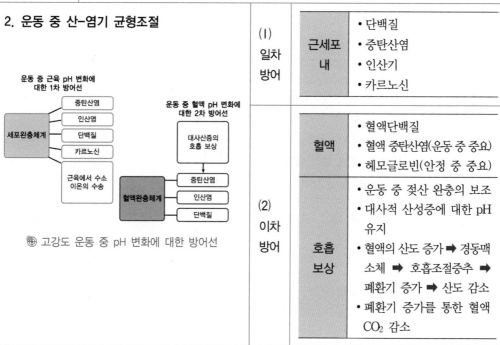

◉ 고강도 운동 중 pH 변화에 대한 방어선

(1) 일차 방어	**근세포 내**	• 단백질 • 중탄산염 • 인산기 • 카르노신
(2) 이차 방어	**혈액**	• 혈액단백질 • 혈액 중탄산염(운동 중 중요) • 헤모글로빈(안정 중 중요)
	호흡 보상	• 운동 중 젖산 완충의 보조 • 대사적 산성증에 대한 pH 유지 • 혈액의 산도 증가 ➡ 경동맥 소체 ➡ 호흡조절중추 ➡ 폐환기 증가 ➡ 산도 감소 • 폐환기 증가를 통한 혈액 CO_2 감소

10 체온조절

01 운동 중 열평형

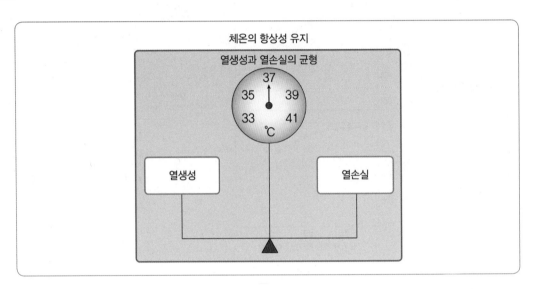

02 열생성과 열손실

1. 열생성

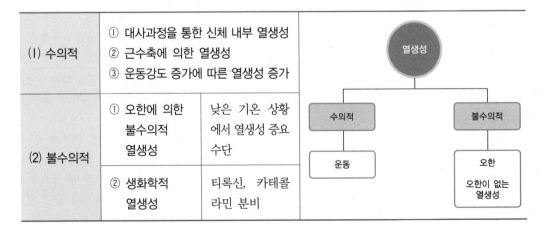

(1) 수의적	① 대사과정을 통한 신체 내부 열생성 ② 근수축에 의한 열생성 ③ 운동강도 증가에 따른 열생성 증가	
(2) 불수의적	① 오한에 의한 불수의적 열생성	낮은 기온 상황에서 열생성 중요 수단
	② 생화학적 열생성	티록신, 카테콜라민 분비

2. 열손실 2024년 B 4번

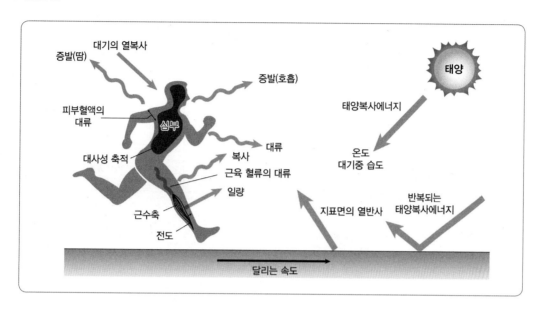

(1) 복사	물체 표면에서 다른 물체로 물리적 접촉 없는 열의 이동	
(2) 전도	접촉을 통한 열의 이동	
(3) 대류	인체와 공기 접촉을 통한 열의 이동	
(4) 증발	피부와 공기의 수증기압 차이에 의한 열의 이동	

♢ 최적 환경 이하 조건 운동 중 열손실의 가장 중요 방법

증발 영향 요인	
신체 주위 대류	
온도와 상대습도	• 높은 온도 운동 상황에서 열손실의 가장 중요 수단 • 높은 상대습도에 의한 증발률 감소
환경에 노출된 피부 표면의 양	

03 인체 온도조절 : 시상하부

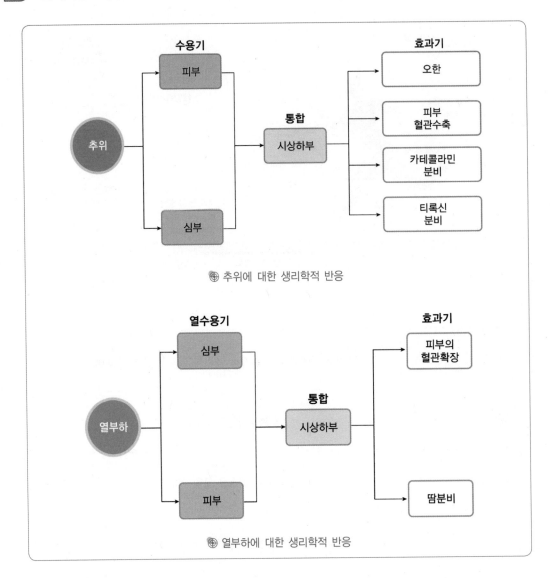

◉ 추위에 대한 생리학적 반응

◉ 열부하에 대한 생리학적 반응

04 적절한 환경조건에서 최대하 강도 지속운동 중 체온 변화

1. 운동강도와 비례하여 열생성 증가

2. 적절한 환경에서의 지속적 부하 운동 동안 증발을 통한 열손실 중요

3. 대사율 증가에 따른 심부온도의 선형적 증가

4. 장시간 지구성 운동은 고체온증(hyperthermia)과 열에 의한 인체 손상 수반

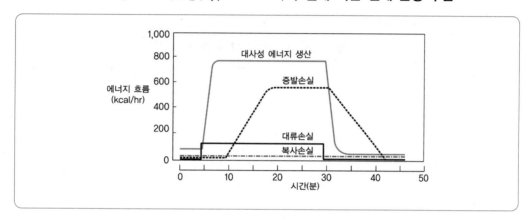

05 고온 환경에서 운동 2010년 29번 / 2011년 28번

	① 적절한 환경에서 지속적 운동 중 심부온도는 운동 초기 증가 후 항정상태 도달
	② 체격이 큰 운동선수는 상대적으로 높은 발한율 생성
1. 운동 중 발열량	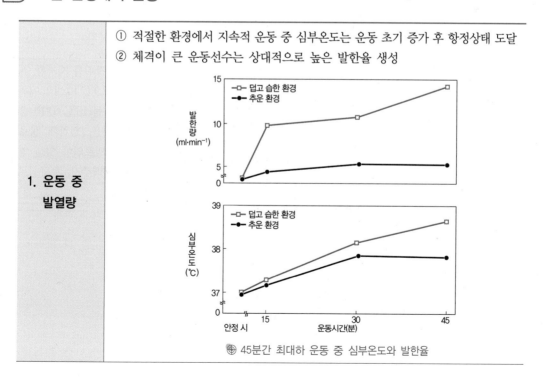 ⊕ 45분간 최대하 운동 중 심부온도와 발한율

	(1) 덥고 습한 환경에서 지속적 운동	① 운동 중 심부온도의 항정상태 도달 불가능 ② 고체온증에 의한 수행력 제한 ③ 운동 중 증발에 의한 근혈류량 감소 ④ 피부 혈류 증가에 의한 근육 산소 불충분 ⑤ 근당원 사용과 젖산 증가에 의한 피로 유발 ⑥ 근당원 사용 증가 ➡ 근육 젖산 생성 가속
	(2) 높은 온도와 높은 상대습도	① 증발률 감소로 인한 체온 항상성 유지 불가능 ② 인체 열손실 능력 저하

♡ 열병 장애와 처치

열병		징후 증상	응급처치
운동유발성 근경련	운동 중 또는 후에 갑작스러운 불수의적 근수축	육안으로 보이는 경련, 많은 근육군을 포함할 수 있음	안정, 수동적 스트레칭, 아이스 처치, 마사지, 수분 보충
열실신	탈수, 저혈압, 정맥울혈에 의한 기립성 어지러움	어지러움과 관련된 기절, 터널시야	그늘로 이동함, 심장 위로 다리를 올림, 차가운 피부, 수분 보충
열탈진	심장혈관부전, 저혈압 또는 중추피로 때문에 고온에서 효율적으로 운동하는 능력의 불능	과도한 피로, 졸도, 혼란, 혼미	그늘로 이동함, 과도한 옷/장비를 제거함, 심장 수준 위로 다리를 올림, 아이스타월과 선풍기로 냉각함, 수분 보충, 의사에게 문의
운동성 열사병	신경정신병적 손상과 고온이 특징임. 긴급 상황 뜨거운 땀투성이의 피부	혼미, 혼란, 현기증, 히스테리 40.5℃ 이상의 직장 온도 심부 온도를 떨어뜨림	과도한 옷/장비를 제거함, 30분 안에 38.9℃(102°F) 이하로, 차가운 물(15℃/60°F) 웅덩이/통 사용, 힘차게 물을 순환시킴, 의료인이 있을 경우 링거 정맥주사, 응급실로 이동

좌측 병합: 2. 고온에서 운동수행

3. 열순응	① 혈장량 증가 ② 운동 중 발한 시점의 조기화(운동 중 빠른 땀 배출) ③ 높은 발한율 ④ 땀에 의한 전해질(염분 손실) 손실 감소 ⑤ 피부 혈류량 감소 ⑥ 열충격 단백질 생성 증가 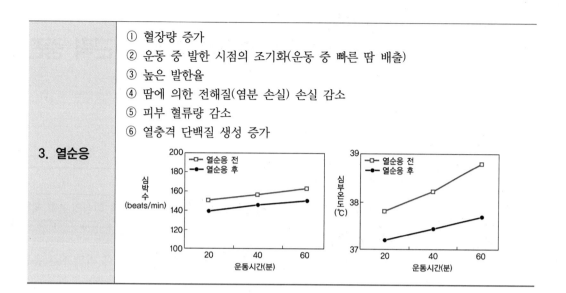	

06 저온 환경에서 운동

1. 저온 환경에서 인체반응	(1) 저온에서 운동	① 신경전달 비율 감소 ② 피부혈관 수축에 의한 피부혈류 감소
	(2) 피하지방의 열손실 차단	
2. 저온순응	(1) 오한 시작 온도 감소	① 오한이 시작되는 평균 피부온도 감소 ② 대사 관련 호르몬 분비 증가로 대사적 열 생성 증가 카테콜라민 증가 ③ 열생성 능력 증가
	(2) 손과 발 체온 유지	① 추위에서 상대적으로 높은 손과 발의 평균 온도 유지 ② 말초혈관 확장으로 손과 발의 혈류 증가
	(3) 추위에서 수면능력 향상	

훈련생리학
: 최대산소섭취량, 경기력, 항상성, 근력 증진

01 훈련의 원리

1. 과부하의 원리	(1) 과부하에 의한 인체 적응		
	(2) 운동시간, 운동강도, 운동빈도의 충분한 자극 제시로 현재 수준 이상의 능력 획득		
	(3) 점진적 과부하에 의한 적응		
	(4) 가역성의 원리	과부하의 자극이 아닌 훈련과 훈련 중지에 의한 빠른 운동 능력 감소	
2. 특이성의 원리 2024년 A 2번	(1) 운동 중 사용된 근육에 따른 적응		
	(2) 운동 중 동원된 근육 형태에 따른 적응		
	(3) 운동 중 주로 동원된 에너지 시스템에 따른 적응	① 지구성 운동에 의한 유산소시스템 발달 • 모세혈관 밀도 증가 • 미토콘드리아 수, 크기와 마이오글로빈 증가 온도(체온)조절 (10~25 kcal/min)　평균동맥혈압 (근육의 수축) 이산화탄소분압 ($\dot{V}CO_2$)　운동: 항상성에 도전　산소분압 ($\dot{V}O_2$) 포도당 (7~20배 섭취증가)　pH 젖산 ② 저항 운동에 의한 무산소 시스템 발달 • ATP-PC 시스템 PC 저장량 증가 • 해당작용 능력 발달 • 수축 단백질 증가	
	(4) 운동 중 강조된 근육 수축 형태에 따른 적응	① 정적수축 　근수축 지속력, 즉 근수축 시간 증가 ② 동적수축 　저항 크기에 대한 극복 증가	

02 훈련의 연구와 결과

1. 횡단적 연구

피험자	최대산소섭취량 (ml · min^{-1})	=	심박수 (beats · min^{-1})	×	1회 박출량 (ℓ^{-1} · beat^{-1})	×	동정맥산소차 (mlO$_2$ · ℓ^{-1})
운동선수	6,250	=	190	×	.205	×	160
활동적인 사람	3,500	=	195	×	.112	×	160

2. 종단적 연구

피험자	최대산소섭취량 (ℓ · min^{-1})	최대심박수 (b · min^{-1})	1회 박출량 (ml · beat^{-1})	심박출량 (ℓ · min^{-1})	동정맥산소차 (ml · ℓ^{-1})
피험자 A					
훈련 전	3.58	206	124	25.5	140
18개월 후	4.53	205	149	30.5	149
피험자 B					
훈련 전	3.07	205	122	23.9	126
18개월 후	4.41	205	146	26.6	166

03 지구성 트레이닝에 의한 최대산소섭취량 증가

2002년 14번 / 2004년 13번 / 2009년 2차 3번 / 2013년 19번 / 2013년 2차 4번 / 2020년 A 7번 / 2021년 B 6번 / 2025년 B 10번

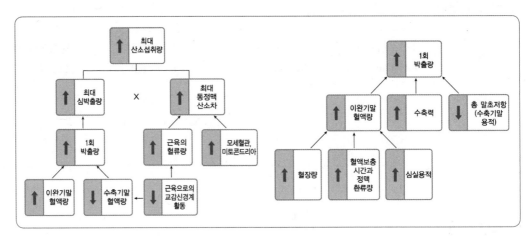

1. 1회 박출량	(1) 이완기말 용적 증가	① 좌심실 크기 증가 ② 안정과 최대하 운동 중 심박수 감소로 심실혈액 유입 시간 지연 ③ 혈장량 증가
	(2) 심장수축력 향상	심근 자체 수축력 증진
	(3) 수축기말 용적 감소	① 총말초저항 감소에 의한 수축기말 용적 감소 평균동맥압 = 심박출량 × 총말초저항 ② 일정한 평균동맥압 유지 수준에서 1회 박출량 증가 ③ 소동맥 혈관 저항 감소와 모세혈관 밀도 증가에 의한 총말초저항 감소 ④ 근육 소동맥 교감신경에 의한 혈관수축 작용 감소로 말초저항 감소 ⑤ 근육 소동맥 저항 감소 ➡ 평균동맥압 유지 ➡ 수축기말 용적 감소 ➡ 근혈류량 증가
2. 동정맥 산소차	(1) 산소 운반과 확산 증가	① 혈장량 증가 ② 모세혈관 밀도 증가에 의한 근혈류 증가(단, 근 1kg당 혈류 속도는 최대운동 중 무변) ③ 모세혈관 밀도 증가와 미토콘드리아 수·크기 증가에 의한 산소 확산 거리 감소로 산소의 충분한 확산 ④ 모세혈관 밀도 증가에 의한 느린 혈류속도로 산소의 충분한 운반과 확산
	(2) 산소이용 능력 증가	① 미토콘드리아 수·크기 증가 ② 산화과정 능력 증대

04 지구력 훈련 : 경기력과 항상성에 미치는 영향

1. 근섬유 효율성과 모세혈관 밀도 증가

(1) 근섬유 효율성	① 빠른 마이오신 감소와 느린 마이오신 증가 ② 기계적 에너지 효율성 증가 ③ 일정하게 발휘된 장력에서 ATP 소비 감소
(2) 모세혈관 밀도 증가	① 산소 확산 거리와 근섬유 내 기질 전송 거리 감소 ② 대사폐기물의 제거력 증가

2. 골격근 섬유 미토콘드리아 증가

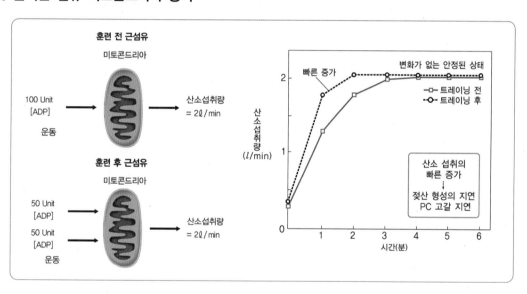

(1) 미토콘드리아 크기·수 증가	① 일정 부하 운동에서 낮은 ADP 농도로 유산소성 ATP 생성 ② 효율적 ATP 생성 • 산화효소 증가 • 산화적 인산화 과정의 조기 활성 • 세포질에서 미토콘드리아까지 ADP의 효율적 수송
(2) 운동 초기 산소결핍 감소	① 산소의 빠른 이용과 수송 ② 일정강도 운동에서 크레아틴 고갈 감소(저장량 증가) ③ 일정강도 운동에서 해당과정 의존 감소로 수소와 젖산 감소 ④ 빠른 항정상태 도달

3. 생화학적 적응에 의한 혈장 포도당 농도 유지(탄수화물 절약) 2005년 17번

(1) 유리지방산의 근육 이동 (지방조직으로부터 근육으로 유리지방산 동원능력 증가)	① 모세혈관 밀도 증가 ② 유리지방산 수송능력 향상
(2) 세포질에서 미토콘드리아로의 유리지방산 운반	① 유리지방산 운반의 카르니틴 효소 증가 ② 팔미토일 전달 효소 증가
(3) 미토콘드리아에서 유리지방산 산화	① 지방산화 효소인 β-산화 효소 증가 ② 아세틸-CoA 증가 ③ 높은 수준의 시트르산에 의한 PFK 활동 억제로 탄수화물 절약

4. 산-염기 균형 유지

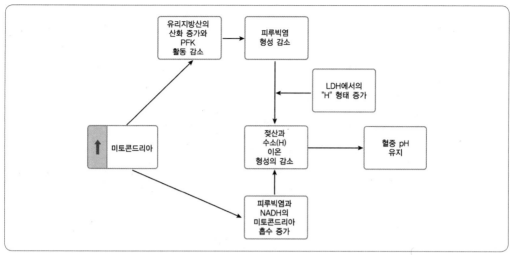

(1) 지방 산화력 증가	① 낮은 ADP 농도에서 산화과정 가동 ② PFK 감소에 의한 지방산화 증가 ③ 탄수화물 대사 감소로 젖산 감소
(2) NAD의 H^+ 운반 증가	① 미토콘드리아로 NADH 운반 증가 ② 젖산과 수소 생성 감소
(3) 근세포 내 LDH 형태 변화	① 피루브산과 친화성이 낮은 LDH 형태로 전환 ② 피루브산 산화 증대로 젖산 감소
(4) 젖산 제거 능력 향상	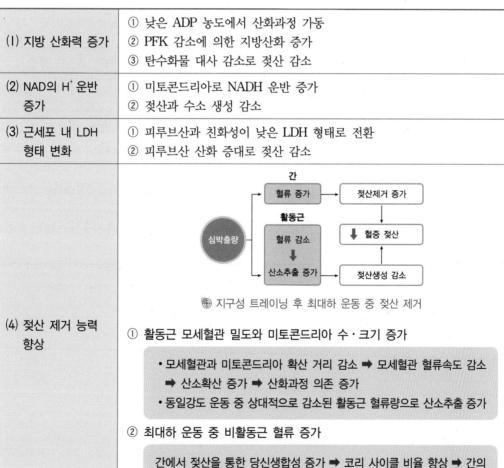 ◉ 지구성 트레이닝 후 최대하 운동 중 젖산 제거 ① 활동근 모세혈관 밀도와 미토콘드리아 수·크기 증가 • 모세혈관과 미토콘드리아 확산 거리 감소 ➡ 모세혈관 혈류속도 감소 ➡ 산소확산 증가 ➡ 산화과정 의존 증가 • 동일강도 운동 중 상대적으로 감소된 활동근 혈류량으로 산소추출 증가 ② 최대하 운동 중 비활동근 혈류 증가 간에서 젖산을 통한 당신생합성 증가 ➡ 코리 사이클 비율 향상 ➡ 간의 젖산 제거력 증대

5. 운동(트레이닝)과 항상성

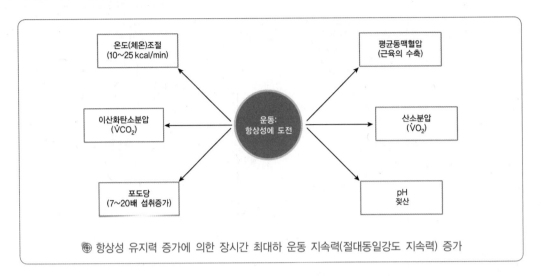

	온도(체온)조절 (10~25 kcal/min)	평균동맥혈압 (근육의 수축)		
	이산화탄소분압 ($\dot{V}CO_2$)	운동: 항상성에 도전	산소분압 ($\dot{V}O_2$)	
	포도당 (7~20배 섭취증가)		pH 젖산	

◉ 항상성 유지력 증가에 의한 장시간 최대하 운동 지속력(절대동일강도 지속력) 증가

(1) 지구성 훈련은 대사적 요구에 빠르게 적응시켜 한정된 간과 근당원에 대한 의존도 감소	
(2) 지구성 훈련은 심혈관계와 온도조절 항상성 유지	
(3) 지구성 훈련은 근육의 구조와 생화학 적응 유발	① 미토콘드리아 수 증가와 모세혈관 밀도 증가 ② 산화적 대사[크렙스 회로, 지방산 회로(β-산화), 전자전달체계]에 포함된 효소 증가 ③ 해당작용에서 생성된 NADH를 전자전달체계로 운반하는 '순환체계' 향상 ④ 피루브산에서 젖산으로 전환하는 데 사용되는 LDH 효소 형태 변화

05 지구력 훈련 : 근육과 계통생리학

1. 절대동일강도 운동 중 신경계 반응

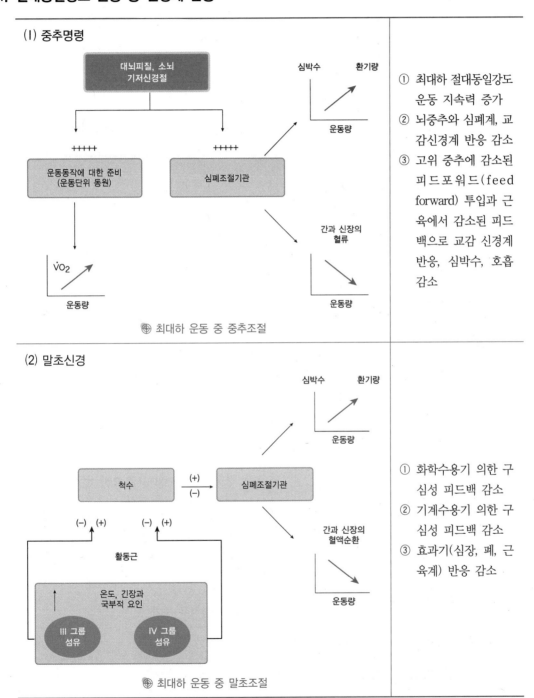

(1) 중추명령

◈ 최대하 운동 중 중추조절

① 최대하 절대동일강도 운동 지속력 증가
② 뇌중추와 심폐계, 교감신경계 반응 감소
③ 고위 중추에 감소된 피드포워드(feed forward) 투입과 근육에서 감소된 피드백으로 교감 신경계 반응, 심박수, 호흡 감소

(2) 말초신경

◈ 최대하 운동 중 말초조절

① 화학수용기 의한 구심성 피드백 감소
② 기계수용기 의한 구심성 피드백 감소
③ 효과기(심장, 폐, 근육계) 반응 감소

2. 트레이닝에 의한 근력 증가의 생리적 기전 2000년 5번 / 2003년 11번 / 2013년 38번 / 2016년 B 4번 / 2017년 B 4번

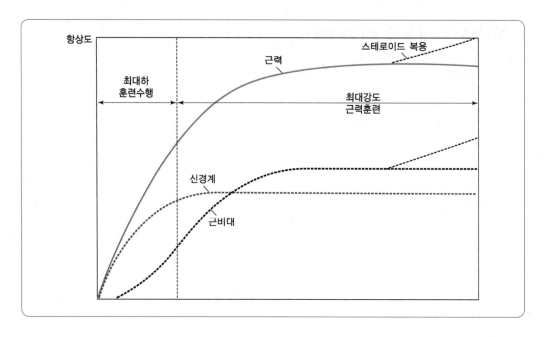

(1) 신경 요인	① 신경 적응을 통한 근력 증가 ② 운동단위 구성의 향상 ③ 운동 신경원 격발 비율 변화 ④ 운동단위 동기화 향상 ⑤ 신경 억제의 제거 유발	
(2) 근육 크기 증대	① 근 증식(hyperplasia)	
	② 근 비대 (hypertrophy)	㉠ 저항운동을 통한 II형 섬유 크기 증가 ㉡ 근섬유 횡단면적 증가 ㉢ 액틴과 마이오신 세사 증가와 근절 증가 ㉣ 수축 단백질을 통한 마이오신 십자형 가교의 양 증가
(3) 근섬유 유형의 변화	① 저항운동으로 속근섬유 비율 증가 ② 장기간의 저항운동으로 중간섬유 증가	
(4) 근육 산화능력과 모세혈관 밀도 수 증가		
(5) 근육 항산화 효소 활동 증가		

3. 유산소 트레이닝에 의한 적응

(I) 지구성 트레이닝에 의한 생리적 적응	① 골격근 측면	㉠ 마이오글로빈 농도 증가 ㉡ 글리코겐 산화 증가 ㉢ 지방 산화 증가 ㉣ Type II섬유 변화
	② 연결조직 측면	㉠ 뼈의 효소활동 증가 ㉡ 골절에 대한 내성 능력 증가 ㉢ 뼈의 미네랄 농도 변화 ㉣ 인대와 건 강화 ㉤ 관절 기능 강화와 연골의 두께 증가
	③ 심호흡계 측면 (안정 시)	㉠ 심장 비대 증가 ㉡ 심박수 감소 ㉢ 1회 박출량 증가 ㉣ 분당 환기량, 총폐활량 변화 없음 ㉤ 혈류량, 총 헤모글로빈 증가
	④ 최대하 운동 시	㉠ 산소 섭취 변화 없거나 약간 감소 ㉡ 근글리코겐 사용 감소 ㉢ 젖산 축적 감소 ㉣ 운동수행 속도 및 젖산역치 수준 증가 ㉤ 심박출량 변화 없거나 약간 감소 ㉥ 1회 박출량 증가 ㉦ 동일 운동 시 심박수 감소 ㉧ 활동근 1kg당 근혈류량 감소
	⑤ 최대운동 시	㉠ 최대산소섭취량 증가 ㉡ 심박출량 증가 ㉢ 1회 박출량 증가 ㉣ 심박수 변화 없거나 약간 감소 ㉤ 최대 분당 환기량 증가 ㉥ 폐확산 능력 증가 ㉦ 젖산 축적 증가 ㉧ 근육 1kg당 혈류량 변화 없음

(2) 지구성 트레이닝에 의한 최대하 운동 중 적응	① 최대산소섭취량은 거의 변화가 없거나 약간 감소	
	② 근육의 글리코겐 사용 감소	지방산 산화 증가
	③ 젖산 축적 감소	㉠ 지방산 산화 증가 ㉡ 산소부채(EPOC) 감소 ㉢ 대사적 연료로서 젖산의 사용 증가 ㉣ 미토콘드리아 수와 크기 증가
	④ 수행속도와 젖산역치 증가	
	⑤ 심박출량은 거의 변화가 없거나 약간 감소	
	⑥ 1회 박출량 증가	㉠ 심장의 비대 ㉡ 심근 수축력 변화가 없거나 약간 증가
	⑦ 심박수 감소	㉠ 미주신경 자극 증가 ㉡ 교감신경 자극 감소 ㉢ 동방결절의 내재적 발화율 감소
	⑧ 활동근 1kg당 공급되는 혈류량 감소	근육으로부터 산소의 적출 증가
(3) 지구성 트레이닝에 의한 최대운동 적응	① 최대산소섭취량 증가	㉠ 총 혈류량 증가(심박출량) ㉡ 근육 산소 적출 증가
	② 심박출량 증가	1회 박출량 증가
	③ 1회 박출량 증가	㉠ 심장 비대(심실의 용적) ㉡ 심근 수축력 무변 또는 약간 증가 ㉢ 혈류량 증가 ㉣ 후부하 감소
	④ 심박수는 변화가 없거나 약간 감소	㉠ 심실 용적 증가 ㉡ 교감신경 완충 증가
	⑤ 분당 환기량 증가	㉠ 1회 호흡량 증가 ㉡ 호흡 빈도 증가
	⑥ 폐의 확산능력 증대	
	⑦ 젖산 축적 증가	해당능력 향상에 따른 젖산 축적량 증가
	⑧ 활동근 1kg당 공급되는 혈류량 무변	근섬유 비대와 큰 운동단위 동원

Chapter 12 일 · 파워 · 에너지소비량 측정

01 측정단위

인체운동 측정항목	SI Unit	인체운동 측정항목	SI Unit
질량(Mass)	kilogram(kg)	에너지(Energy)	Joule(J)
거리(Distance)	meter(m)	파워(Power)	Watt(W)
시간(Time)	second(s)	속도(Velocity)	meters per second(m · s-1)
힘(Force)	Newton(N)	토크(Torque)	Newton-meter(N · m)
일(Work)	Joule(J)		

용어	축약용어	전환단위
Kilogram-meter	kpm	1kpm = 9.81joules
Kilogram	kg	1kg^{중} = 9.79N
Kilocalorie	kcal	1kcal = 4186joules
Joule*	J	1J = 1Newton-meter(N · m)

02 일과 파워 2006년 17번 / 2025년 B 10번

1. 일(Work)	(1) 정의	일정한 거리에 작용한 힘의 양 일 = 힘 × 거리
	(2) 5kg의 무게를 수직 방향으로 2m 올렸을 때 일의 양 일 = 5kp × 2m = 10kpm = 98.1J(1kpm = 9.81J)	
2. 파워(Power)	(1) 정의	① 단위 시간 내에 행해진 일의 양 ② 운동강도 표현 파워 = 작업량 ÷ 시간
	(2) 단위(Watt)	$1W = 1J \cdot s^{-1}$ $1W = 6.12kpm \cdot min^{-1}$

03 일과 파워 측정

1. 벤치스텝

수행조건	운동량과 파워 산출

남자 체중 = 70kg
벤치 높이 = 0.5m
시간 = 분당 30회 비율로 10분 수행
	힘 = 70kp(몸무게 = 70kg)
	거리 = 0.5m $step^{-1}$ × 30step · min^{-1} × 10min
	    = 150m
	총운동량 = 70kp × 150m
	    = 10,500kpm
	파워 = 10,500kpm ÷ 10min
	    = 1,050kpm · min^{-1}

2. 자전거 에르고미터

수행조건	운동량과 파워 산출
운동시간 = 10분 회전당 이동거리 = 6m 플라이휠 저항 = 1.5kp 페달속도 = 60회/분	전체 일 = 1.5kp × (6m · rev^{-1} × 600rev) = 5,400kpm 파워 = 5,400kpm ÷ 10min = 540kpm · min^{-1}

3. 트레드밀

수행조건	운동량과 파워 산출
피험자 체중 = 70kg(70kp) 트레드밀 속도 = 200m · min^{-1} 트레드밀 각도 = 7.5%grade 운동시간 = 10min	총 수직 이동거리 = 200m · min^{-1} × 0.075 × 10min = 150m 행해진 전체 작업량 = 70kp × 150m = 10,500kpm 축에서 축의 거리 (사변) 수직높이 θ 뒤쪽 축이 고정된 트레드밀 경사 = Sine θ = 높이 ÷ 사변

04 에너지소비량 추정 2009년 30번 / 2011년 27번 / 2017년 14번 / 2023년 B 1번

1. 에너지소비량 측정법	(1) 직접열량 측정법	① 대사율의 지표로 열생산 측정 ② 기초대사율과 일일 에너지소비량 파악
	(2) 간접열량 측정법	① 산소섭취량을 측정하여 대사율 평가 ② 운동 중 대사적 강도 추정
2. 추정 조건	 ● 속도와 산소소비량의 관계 ● 자전거 일률과 산소섭취량과의 관계 ① 항정상태 운동 중 산소 소비를 측정하여 신체활동 중 소비되는 에너지 추정 ② 트레드밀 걷기 및 달리기에 필요한 에너지소비량(트레드밀 속도와 에너지소비량 비례관계 활용)	

추정 조건	분당산소섭취량
체중 60kg 10MET 운동에 필요한 분당 산소섭취량	분당산소섭취량($ml \cdot min^{-1}$) $= 3.5ml \cdot kg^{-1} \cdot min^{-1} \times 60kg \times 10$ $= 2,100ml \cdot min^{-1}$

2. 추정 조건

대사평형(MET)
• 대사평형(MET)은 운동 중 소비된 에너지 표현 • 1MET = 안정 시 산소소비량으로 $3.5ml \cdot kg^{-1} \cdot min^{-1}$을 의미

3. 항정상태 운동 중 순산소소비량과 순에너지소비량 추정

유산소성 운동 중 순산소소비량	(항정상태 산소소비량 − 안정 시 산소소비량) × 운동시간
유산소성 운동 중 순에너지소비량	순산소소비량 × 에너지당량(산소 1L의 에너지당량 5kcal)

추정 조건	순산소소비량과 순에너지소비량
체중 = 70kg 운동강도 = 6METs 운동시간 = 30분 산소 1L의 에너지당량 = 5kcal	순산소소비량 $= (6METs - 1METs) \times 30min \times 3.5ml \cdot kg^{-1} \cdot min^{-1} \times 70kg$ $= 36,750ml$ 순에너지소비량 $= 5METs \times (3.5ml \cdot kg^{-1} \cdot min^{-1} \times 30min \times 70kg) \times 5kcal \div 1000ml$ $= 183.75kcal$

다음 표는 여러 가지 유산소 운동의 에너지소비량을 나타낸 것이다. 에너지소비량은 kcal당, 체중당, 시간당 소비한 에너지를 말한다. 예를 들어, 50kg인 은정이가 한 시간 동안 줄넘기를 하게 되면, $10.5\text{kcal/kg/h} \times 50\text{kg} \times 1\text{h} = 525\text{kcal}$를 감량하게 되는 것이다.

⊘ 유산소 운동의 에너지소비량과 체중감량 효과 비교

구분	에너지소비량(kcal/kg/h)	체중감량 효과 비교(kg/주)
걷기	3.3	0.21
달리기	7.3	0.46
수영	9.0	0.57
자전거 타기	6.3	0.40
줄넘기	10.5	0.67

4. 에너지소비량과 체중감량
2019년 A 6번

① 운동을 하지 않고 먹는 양만 하루에 300kcal씩 줄인다면, 1kg을 감량하는 데 며칠이 걸릴까? (단, 체중 1kg을 감량하기 위해서는 7,700kcal를 소비하여야 한다.)

> $7,700 \div 300 =$ 약 26일

② 먹는 양의 변화 없이 1kg을 감량하기 위해서는 운동만으로 며칠이 걸릴까?

> 줄넘기를 매일 1시간 하는 경우 $10.5 \times 50 \times 1 = 525\text{kcal}$,
> $7,700 \div 525 =$ 약 15일

③ 위의 표를 참고하여 하루 500kcal를 적게 먹으면서 하루 한 시간씩 수영을 하면, 1kg을 감량하는 데 며칠이 걸릴까?

> $9.0 \times 50\text{kg} \times 1 = 450\text{kcal}$
> $450\text{kcal} + 500\text{kcal} = 950\text{kcal}$
> $\therefore 7700 \div 950 \fallingdotseq 8$일

5. 목표체중

2019년 A 6번

목표체중을 정하는 절차는 우선 자신의 제지방량(FFW)을 결정하여 목표 체지방률(%fat)을 결정한 다음, 체중의 손실은 모두 지방으로 인한 것이라는 가정하에 목표체중을 계산한다.

예제

현재 체중 70kg
체지방률 36%인
목표 체지방률을 20%

① 제지방량을 계산

$$100\% - 36\% \text{ 지방} = 64\% \text{ 제지방량}$$

② 목표체중 설정

$$목표체중 = \frac{제지방량}{(1-목표지방비율\%)}$$

05 운동효율성

1. 추정

$$순수효율성(\%) = \frac{운동량}{안정\ 시를\ 제외한\ 에너지소비량} \times 100$$

추정 조건	운동효율성
자전거 플라이휠 저항 = 2kg 페달 속도 = 50rev · min⁻¹ 안정 중 산소섭취량 = 0.25L · min⁻¹ 운동 중 산소섭취량 = 1.5L · min⁻¹ 회전당 이동거리 = 6m · rev⁻¹	운동량 = $2kg \times 50rev \cdot min^{-1} \times 6m \cdot rev^{-1} = 600kgm \cdot min^{-1}$ 순에너지소비량 = $(1.5L \cdot min^{-1}\ 0.25L \cdot min^{-1}) \times 5kcal \cdot L^{-1}$ 　　　　　 = $6.25kcal \cdot min^{-1}$ ※ kgm를 kcal로 변환하면 다음과 같다. (1kcal = 426.8kgm) 　 $600kgm \cdot min^{-1} \div 426.8kgm \cdot kcal^{-1} = 1.41kcal \cdot min^{-1}$ 순수효율성 = $1.41kcal \cdot min^{-1}/6.25kcal \cdot min^{-1} \times 100$ 　　　　　 = 22.6%

2. 운동효율성의 영향 요인

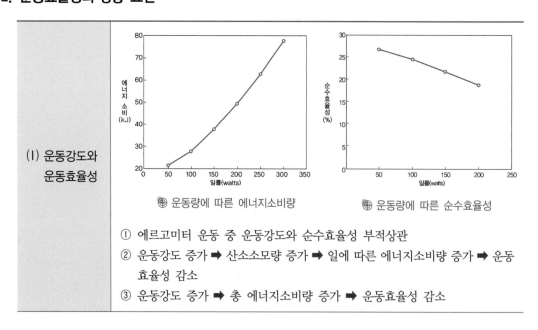

◉ 운동량에 따른 에너지소비량　　　◉ 운동량에 따른 순수효율성

(1) 운동강도와 운동효율성	① 에르고미터 운동 중 운동강도와 순수효율성 부적상관 ② 운동강도 증가 ➡ 산소소모량 증가 ➡ 일에 따른 에너지소비량 증가 ➡ 운동효율성 감소 ③ 운동강도 증가 ➡ 총 에너지소비량 증가 ➡ 운동효율성 감소

(2) 운동속도와 효율성

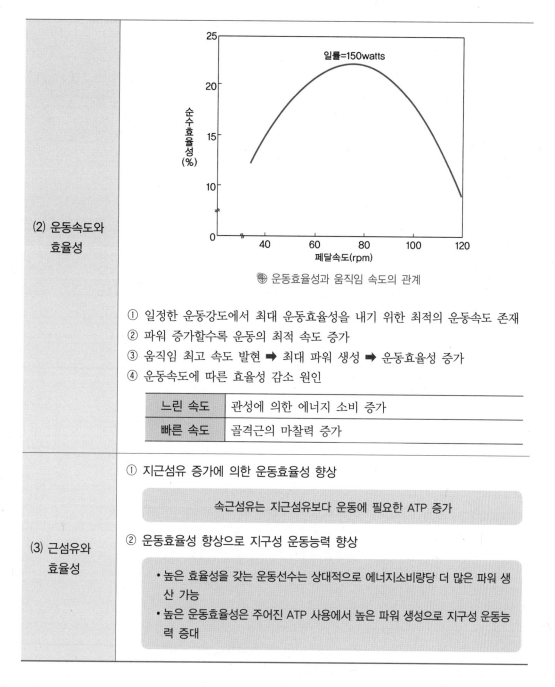

🌐 운동효율성과 움직임 속도의 관계

① 일정한 운동강도에서 최대 운동효율성을 내기 위한 최적의 운동속도 존재
② 파워 증가할수록 운동의 최적 속도 증가
③ 움직임 최고 속도 발현 ➡ 최대 파워 생성 ➡ 운동효율성 증가
④ 운동속도에 따른 효율성 감소 원인

느린 속도	관성에 의한 에너지 소비 증가
빠른 속도	골격근의 마찰력 증가

(3) 근섬유와 효율성

① 지근섬유 증가에 의한 운동효율성 향상

> 속근섬유는 지근섬유보다 운동에 필요한 ATP 증가

② 운동효율성 향상으로 지구성 운동능력 향상

> • 높은 효율성을 갖는 운동선수는 상대적으로 에너지소비량당 더 많은 파워 생산 가능
> • 높은 운동효율성은 주어진 ATP 사용에서 높은 파워 생성으로 지구성 운동능력 증대

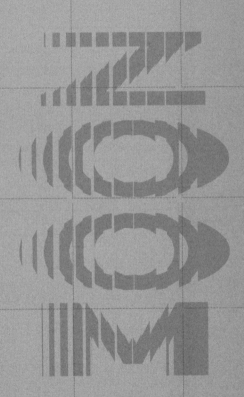

권은성 ZOOM 전공체육

운동생리학
트레이닝론

PART

02

트레이닝과
운동처방

트레이닝 이론 기초

01 트레이닝의 개념

트레이닝은 체력 및 경기력의 강화 훈련이라고 하는 공통 개념을 포함한다. 즉, 트레이닝은 다양한 훈련 자극에 의한 인체의 모든 기관과 기능의 생리적 발달로 생체의 영구적 적응을 유도하는 과정으로 정의된다.

02 체력의 요소 1998년 5번

1. 이시코의 체력분류	(1) 행동체력	① 운동 발현 능력	㉠ 근력	근육 수축에 의하여 낼 수 있는 힘
			㉡ 순발력	순간적으로 큰 힘을 발휘하는 능력
		② 운동 지속 능력	㉠ 근지구력	근력을 반복적으로 발휘하는 능력
			㉡ 전신지구력	전신 운동을 오래 지속하는 능력
		③ 운동 조정 능력	㉠ 민첩성	빠른 방향 전환 및 반복 능력, 반응 시간 스피드 등
			㉡ 평형성	동적, 정적 상태에서 균형 유지 능력
			㉢ 교치성	복잡한 운동기능의 효율적 수행 능력, 협응력 등
			㉣ 유연성	관절의 가동범위, 근육의 신장 능력
	(2) 방위체력	① 물리·화학적 스트레스 방어 능력		기후, 기압, 오염 물질 등
		② 생물적 스트레스 방어 능력		병원균, 바이러스, 기생충 등
		③ 생리적 스트레스 방어 능력		공복, 불면, 피로, 갈증 등
		④ 정신(심리)적 스트레스 방어 능력		불쾌감, 긴장, 고민, 슬픔 등

2. 건강체력과 운동체력 2003년 16번 / 2007년 24번 / 2007년 추가 21번 / 2009년 초등 모의 35번 / 2009년 초등 33번 / 2014년 초등 6번	(1) 건강 관련 체력	① 근력	큰 외력을 발휘하거나 무거운 중량을 들어올릴 수 있는 능력
		② 근지구력	근육 운동을 지속적으로 반복하거나 유지하는 능력
		③ 심폐지구력	지속적인 운동을 하는 동안 에너지원(산소)을 근육으로 공급하기 위한 심장, 혈관, 혈액, 호흡계의 능력
		④ 유연성	관절에서 행해질 수 있는 운동의 범위로 근육 길이, 관절 구조, 인대, 건의 영향
		⑤ 신체구성 (체지방량)	신체를 구성하고 있는 상대적인 비율(%)
	(2) 운동 관련 체력	① 민첩성	공간에서 신체 방향을 빠르고 정확하게 바꿀 수 있는 능력
		② 평형성	정지하거나 움직이는 동안 균형 유지
		③ 협응력	운동 과제를 부드럽고 정확하게 수행하기 위하여 신체 여러 감각을 사용하는 능력
		④ 순발력	짧은 순간 큰 힘 발휘 능력
		⑤ 스피드	짧은 시간 내에 움직임을 수행할 수 있는 능력

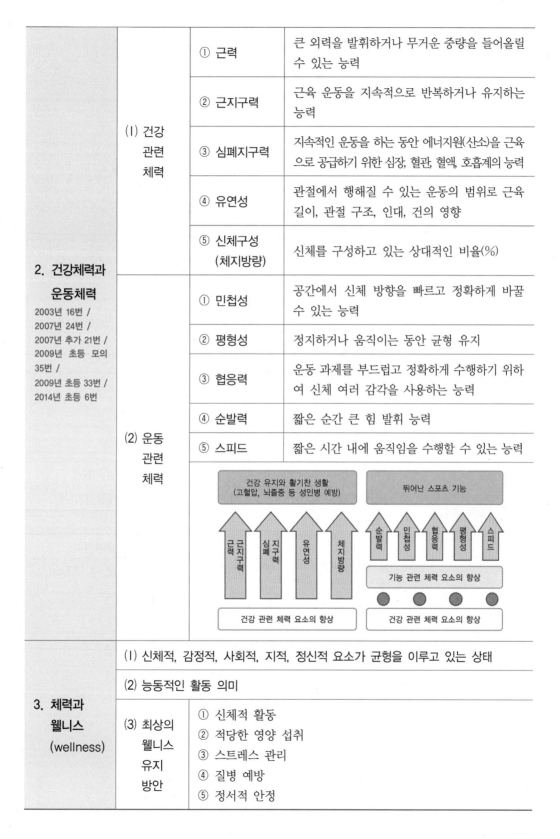

3. 체력과 웰니스 (wellness)	(1) 신체적, 감정적, 사회적, 지적, 정신적 요소가 균형을 이루고 있는 상태
	(2) 능동적인 활동 의미
	(3) 최상의 웰니스 유지 방안 : ① 신체적 활동 ② 적당한 영양 섭취 ③ 스트레스 관리 ④ 질병 예방 ⑤ 정서적 안정

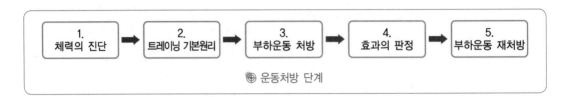

◉ 운동처방 단계

01 체력의 진단

1. 신체 자원		
2. 운동 성과		

3. 체력 측정	체력	측정도구
	순발력	50m 달리기, 제자리 멀리뛰기
	상체 근지구력	팔굽혀펴기(남), 팔굽혀 매달리기(여)
	복부 근지구력	윗몸일으키기
	유연성	앉아 윗몸 앞으로 굽히기
	심폐지구력	오래달리기 걷기(남 1600m, 여 1200m)

02 처방의 기본 원리 적용

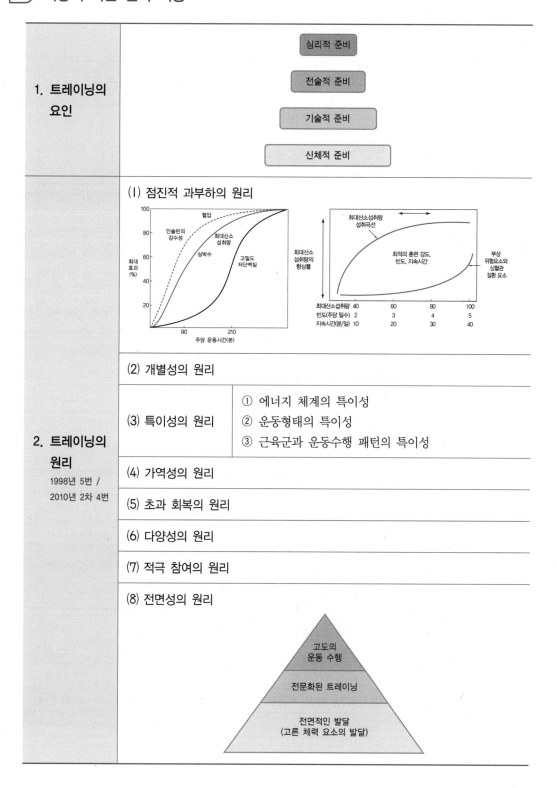

1. 트레이닝의 요인	심리적 준비 / 전술적 준비 / 기술적 준비 / 신체적 준비
2. 트레이닝의 원리 1998년 5번 / 2010년 2차 4번	**(1) 점진적 과부하의 원리** **(2) 개별성의 원리** **(3) 특이성의 원리** ① 에너지 체계의 특이성 ② 운동형태의 특이성 ③ 근육군과 운동수행 패턴의 특이성 **(4) 가역성의 원리** **(5) 초과 회복의 원리** **(6) 다양성의 원리** **(7) 적극 참여의 원리** **(8) 전면성의 원리**

03 부하 운동 처방요소

1. 운동형태(질적 요소) : 특이성 원리 적용

(I) 근수축 형태	① 등장성 (isotonic) 동적수축	수축 형태	근수축 특성

수축 형태	근수축 특성
구심성(단축성)	중력을 극복하여 근육의 길이가 짧아지면서 수축
원심성(신장성)	중력을 극복하지 못하여 근육의 길이가 길어지면서 수축
트레이닝 방법	역기 기구, 바벨, 덤벨, 신체 자체의 중량 이용

② 등속성 (isokinetic) 동적수축

㉠ 근에 단축성 부하와 신장성 부하가 관절각의 변화에 따라 최대로 작용할 수 있도록 구성하여 동작 전 범위에서 근 장력 최대 발현 가능

㉡ 관절각을 조정하여 동일한 속도에서 최대 수축력 유도

> 관절각에 따른 속도 범위 : 30~300°/sec

트레이닝 방법	사이벡스, 미니짐 이용

㉢ 재활훈련

③ 등척성 (isometric) 정적수축

㉠ 근길이 일정하게 유지하여 장력 변화

트레이닝 방법	저항으로 고정된 물체 이용

㉡ 운동시간, 장비·장소 구애 없이 실시 가능

㉢ 근통증 미약

기준	근수축 형태		
	등장성	등척성	등속성
근력 증가율	좋음	나쁨	뛰어남
지구력 증가율	나쁨	좋음	뛰어남
운동시간	뛰어남	나쁨	좋음
비용	뛰어남	좋음	나쁨
특수한 동작에 대한 적응력	좋음	나쁨	뛰어남
근육통의 최소화	나쁨	좋음	뛰어남

(2) 에너지 생성 체계	① 유산소 형태		
	② 무산소 형태	**파워 형태**	**트레이닝 방법**
		순발적 파워	인원질 시스템이 주에너지 공급 운동으로, 100m 달리기, 역도, 투포환
		지속적 파워	젖산체계에 의해 주로 에너지를 공급받는 운동으로, 200m, 400m 달리기
(3) 트레이닝 유형	① 트레이닝 내용	**체력**	**트레이닝 방법**
		근력	웨이트, 파워랙, 사이벡스
		지구력	인터벌, 지속, 서킷
		유연성	맨손체조, 스트레칭, 유연체조
		순발력	웨이트, 플라이오메트릭스
	② 트레이닝 형식	㉠ 반복 트레이닝 ㉡ 인터벌 트레이닝 ㉢ 지속 트레이닝	

2. 운동강도(질적 요소) : 과부하 원리 적용 1997년 4번 / 2003년 10번 / 2006년 17번 / 2007년 17번 / 공청회 14번 / 2014년 A 11번 / 2015년 B 서술 4번 / 2021년 A 6번 / 2022년 A 3번

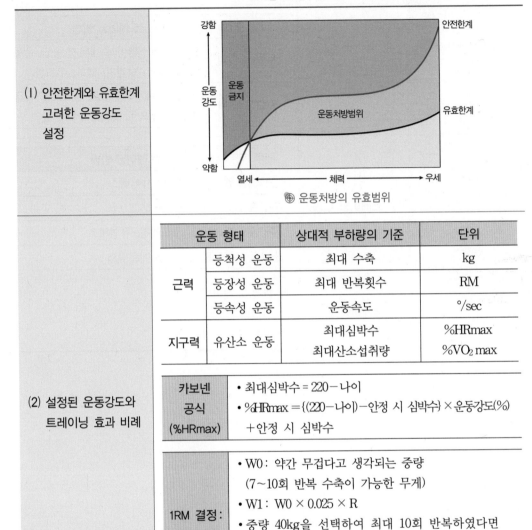

(1) 안전한계와 유효한계 고려한 운동강도 설정	◉ 운동처방의 유효범위		

	운동 형태	상대적 부하량의 기준	단위
근력	등척성 운동	최대 수축	kg
	등장성 운동	최대 반복횟수	RM
	등속성 운동	운동속도	°/sec
지구력	유산소 운동	최대심박수 최대산소섭취량	%HRmax %VO$_2$ max

(2) 설정된 운동강도와 트레이닝 효과 비례

카보넨 공식 (%HRmax)
- 최대심박수 = 220 − 나이
- %HRmax = {(220 − 나이) − 안정 시 심박수} × 운동강도(%) + 안정 시 심박수

1RM 결정 : W0 + W1
- W0 : 약간 무겁다고 생각되는 중량 (7~10회 반복 수축이 가능한 무게)
- W1 : W0 × 0.025 × R
- 중량 40kg을 선택하여 최대 10회 반복하였다면 1RM은?
  - W1 = 40 × 0.025 × 10 = 10
  - 1RM = 40 + 10 = 50kg

02

⊙ 강도 설정의 예

1. 각 동작의 10RM 무게 측정하기	적정 무게를 찾아 몇 회까지 반복 가능한지 횟수를 찾아보자. 레그 프레스 자세에서 63kg으로 10회까지 반복할 수 있었다면 레그 프레스 10RM은 63kg, 즉 1RM의 75%에 해당하는 63kg이다.
2. 10RM(1RM의 75%) 3세트 반복	1세트(1RM의 75%, 63kg으로) 10회 반복 들기 ➡ 휴식(1~2분) ➡ 2세트(1RM의 75%, 63kg으로) 8회 반복 들기 ➡ 휴식(1~2분) ➡ 3세트(1RM의 75%, 63kg으로) 6회 반복 들기
3. 점증적으로 강도 조절하기	일정 기간이 지나면 중량을 5%씩 늘려 나가고 웨이트 운동에 충분히 적응한 후에는 근력 운동의 목적에 맞게 부하량과 반복 횟수를 조정하여 운동 프로그램을 작성한다.

표 (1번 동작):

1RM %	100%	95%	90%	85%	80%	75%	70%	65%
반복 횟수	1	2	4	6	8	10	11	15

3. 운동시간(양적 요소) : 점증과부하 원리 적용 2007년 17번

(1) 결정된 운동강도로 얼마 동안 운동을 지속할 것인가에 대한 운동의 양적 조건

(2) 일반적으로 지속시간으로 표현

4. 운동빈도(양적 요소) : 점증과부하 원리 적용 2007년 17번

(1) 운동빈도	결정된 운동강도와 운동시간으로 구성된 한 번의 연습을 몇 번 트레이닝 할 것인가에 대한 운동의 양적 요소
(2) 과잉 보상 사이클	 ① 트레이닝 후 회복 단계에서는 생화학적 에너지원 보충과 신체 기관의 회복이 보다 빨리 진행되어 저장된 에너지 사용이 초기 수준을 능가하는 과잉 보상 상태 발생 ② 과잉 보상 상태 이용하여 운동계획 결정 ③ 트레이닝 자극 이후의 회복 시기 및 과잉 보상 단계를 고려하여 24시간 정도 간격으로 운동빈도 설정 ④ 과잉 보상 단계를 방해하지 않는 범위 내에서 가능한 높게 운동빈도 설정 시 운동효과 극대

5. 운동기간(양적 요소) : 점증과부하 원리 적용

♡ FITT-VP 2021년 A 6번

운동의 빈도(Frequency)	매주 얼마나 자주 운동을 하는가
강도(In-tensity)	운동은 얼마나 힘든가
시간(Time)	운동 지속 시간은 얼마인가
형태(Type)	운동의 방식은 무엇인가
운동량(Volume)	운동의 총량은 얼마인가 [운동빈도, 운동강도, 운동시간(지속시간)의 곱이다.]
진행(Progression)	프로그램이 어떻게 진전되고 있는가

04 효과의 판정

05 부하 운동의 재처방

Chapter 03 준비운동과 정리운동

2011년 39번 / 2011년 초등 43번 / 2011년 초등 2차 논술 2번

01 준비운동의 필요성

1. 심장 손상 위험 방지

2. 신경계 조절력 증진

3. 근육과 인대의 상해 예방

4. 운동 피로의 조기발현 예방

02 준비운동과 정리운동의 효과

1. 준비운동의 효과	(1) 근육	① 근수축 및 이완시간 단축 ② 근육 효율 증가 ③ 마이오글로빈의 산소해리 능력 증가 ④ 근육 효소 활성으로 에너지 체계와 관련 있는 대사 반응의 활성화 ⑤ 근조직의 혈류량과 산소이용 능력 증가 ⑥ 혈중 젖산 농도의 증가율 감소
	(2) 혈액 및 혈관 (순환계)	① 혈관 저항 감소 ② 심장 기능 촉진되어 본 운동 실시 후 첫 몇 초간 심장에 공급하는 혈류량 감소 증상 완화 ③ 심장 이완기 혈압 감소의 위험성 감소
	(3) 기타	① 관절 가동범위 증가 ② 부상 발생률 감소(상해 예방) ③ 기도 저항 감소
	(4) 경기력에 미치는 영향	① 근육 온도 상승 ② 근육 수축시간 단축 ③ 근섬유 동원 향상 ④ 관절 가동범위 증가 ⑤ 중추신경계, 체온, 순환 기능 향상
2. 정리운동의 필요성	① 운동 후 근육통 방지 ② 운동 중 생성된 젖산의 효과적 제거 ③ 인체 항상성의 효과적 회복 ④ 급격한 정맥혈 회귀량 감소 방지에 의한 현기증 유발 감소와 혈압의 급격한 저하 방지	

경기력 영향 요인

01 피로

1. 중추 피로	① 운동에 사용되는 기능적 운동단위 수 감소 ② 운동단위 활성화 빈도 감소

2. 말초
피로
	① 신경적 요인
	
	  • 신경근 연접부 피로
	  • 근 섬유막과 가로세관 기능장애
	
	② 기계적 요인
	
	신장성 운동
	근 섬유막의 물리적 분열로 근장력 능력
	감소
	
	높은 젖산 생성(수소이온의 높은 농도)
	  • 십자형 가교에 생성되는 힘 감소
	  • 일정한 칼슘 농도에서 발생하는 힘
	    감소(수소이온의 트로포닌과 칼슘 결
	    합 방해)
	  • 근형질세망의 칼슘 방출 억제
	
	③ 근수축 에너지
	
	  • 크레아틴인산 고갈
	  • 과도한 ADP 축적으로 추가적 해당
	    작용 가동
	  • 세포 내 무기인산(Pi) 축적

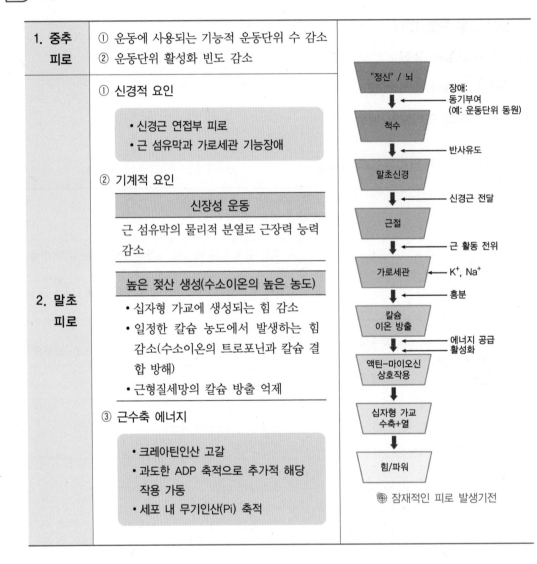

⊕ 잠재적인 피로 발생기전

02) 최대 무산소성 운동 제한 요인

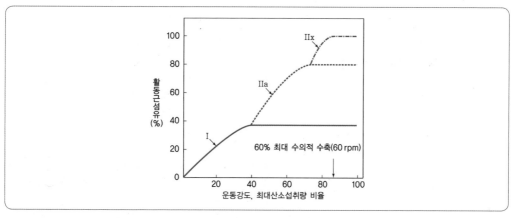

1. 초단시간 운동수행
(10초 미만)

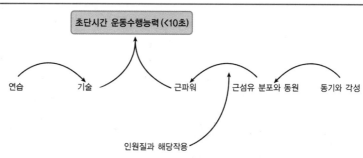

① 포환던지기, 높이뛰기, 멀리뛰기, 50~100m 달리기
② 짧은 시간 내 많은 양의 에너지 요구
③ 근섬유 수와 섬유 형태 분배(I형:II형)에 따른 경기력 제한
④ 크레아틴인산에 초점을 둔 무산소성 에너지체계 의존

2. 단시간 운동수행
(10~180초)

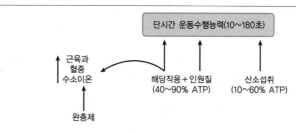

① 유산소성과 무산소성 에너지 공급

10~60초 범위 최대 운동수행	속근섬유의 무산소성 시스템으로 에너지 생성
최대 운동수행 60초~180초	유산소성 시스템으로 60% 에너지 생성

※ 무산소성에서 유산소 에너지 생산 전환은 늘어나는 거리에 대하여 최대 달리기 속도 감소

② 젖산 농도 상승

03 최대 유산소성 운동 제한 요인

1. 단시간 운동수행(3~20분)

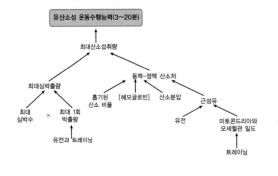

① 에너지 생산

3분간 최대 운동수행	유산소 과정으로 60% ATP 생성
20분간 최대 운동수행	유산소 과정으로 90% ATP 생성

② 최대산소섭취량

심혈관계 조직과 운동 근육의 미토콘드리아 함유량의 영향	
20분 미만 지속 운동	미토콘드리아 함유량이 높은 IIa형 섬유 활용
20분 미만 질주의 경주 막판	최대 유산소 파워의 90~100% 발휘

③ IIx형 섬유 동원

2. 중시간 운동수행(21~60분)

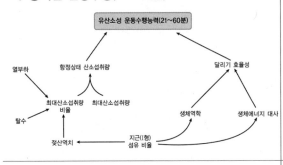

① 최대산소섭취량의 90% 이하 강도 수행
② 최대산소섭취량
③ 고온환경, 습도, 탈수 영향

3. 장시간 운동수행(1~4시간)

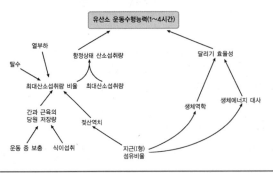

① 운동수행이 길어질수록 환경적(무더위, 습도) 요인의 영향 증가
② 근육과 간에 저장된 탄수화물 고갈

⊘ 탈진적 운동 후의 에너지원의 보충

회복과정	권장되는 회복시간	
	최소	최대
산소의 재보충	10~15초	1분
ATP, PC 재보충	2분	5분
회복기 산소의 빠른 부분 소멸 (비젖산성 산소부채 부분)	3분	6분
혈중, 근육의 젖산 제거	30분(운동성 회복과 함께) 1시간(안정성 회복과 함께)	1시간

⊘ 지구성 운동 후의 에너지원의 보충

회복과정	권장되는 회복시간	
	최소	최대
간글리코겐 재보충	알려지지 않았음	12~24시간
근글리코겐 재보충	10시간(지속적 운동 후) 5시간(간헐적인 운동 후)	46시간 24시간
회복기 산소의 느린 부분 감소 (젖산성 산소부채의 부분)	30분	1시간

근력 트레이닝과 적응

01 트레이닝 계획

1. 근력	(1) 운동양식	동적 웨이트 트레이닝	운동강도	최대 근력의 70% 정도 중량
			운동시간	7~8RM
			운동빈도	3~5세트
		정적 웨이트 트레이닝	운동강도	최대 근력의 40~50% 정도 중량
			운동시간	지속시간
			운동빈도	3~5세트
	(2) 측정방법	① 악력 ② 배근력 ③ 완력 ④ 각력		
2. 근지구력	(1) 운동양식	동적 트레이닝	운동강도	최대 근력의 20~30% 중량
			운동시간	최대 반복 횟수, 올아웃(all-out), 15~20RM
			운동빈도	3~5세트
	(2) 측정방법	① 에르고미터 ② 턱걸이 ③ 오래매달리기 ④ 윗몸일으키기 ⑤ 팔굽혀펴기		
3. 순발력	(1) 운동양식	동적 트레이닝	운동강도	근력이 부족한 경우 — 최대 근력의 80% 중량
				스피드가 부족한 경우 — 최대 근력의 30% 중량
			운동시간	근력이 부족한 경우 — 최대 스피드로 5~8초간 반복, 최대 스피드로 3~5회 반복
				스피드가 부족한 경우 — 최대 스피드로 3~6초간 반복, 최대 스피드로 8~12회 반복
			운동빈도	
			세트와 휴식시간	
	(2) 측정방법	① 수직뛰기(플라이오메트릭스) ② 제자리 멀리뛰기		

02 근육계 적응

1. 근력 강화	(1) 근 비대	① 근원섬유 수와 크기 증가 ② 마이오신 세사를 중심으로 한 수축 단백질의 양 증가 ③ 미토콘드리아 수·크기 증가 ④ 근섬유당 모세혈관 밀도 증가 ⑤ 결합조직(건-인대) 양과 힘 증가 ⑥ 근글리코겐 저장 증가
	(2) 백근 발달	
	(3) 신경 충격 빈도 증가	
	(4) 고유수용기 자가 억제 감소	
	(5) 주동근과 길항근의 상호작용 향상	
2. 근지구력 강화	① 근 혈류량 증가 ② 지근섬유 발달에 의한 산화력 증대 ③ 모세혈관 밀도 증가에 의한 산소 운반 증대 ④ 미토콘드리아 수·크기 증가 ⑤ 동정맥산소차 증가	
3. 순발력 강화	(1) 순발력	순발력＝근력×스피드
	(2) 파워 형태	① 순발적 파워 ⑦ 크레아틴인산 저장 증가 ⓛ 비젖산 산소부채 증가 ⓒ 백근섬유 비율 증가
		② 지속적 파워 ⑦ 최대산소섭취량 증가 ⓛ 근글리코겐 저장력 증가

06 운동관련 체력 트레이닝과 적응

01 조정력

1. 운동양식	서킷 트레이닝	① 원리	근력, 순발력, 지구력, 유연성 등 종합적 체력요소 강화
		② 스테이션 설치	7~9개 종목 운동을 실시할 수 있는 장소, 용구, 시설 등 설치
		③ 운동강도	일정한 시간(30초~1분) 동안 최대 반복 횟수에 대한 1/2 횟수
		④ 운동시간	스테이션 1회 실시하는 데 소요하는 시간을 대략 5~8분으로 설정
		⑤ 장점	㉠ 경기 종목 특성을 고려한 항목 계획 ㉡ 공간의 효율적 사용 ㉢ 동기유발 용이 ㉣ 개인차 고려한 운동강도와 운동량 조절 가능
2. 측정방법	(1) 민첩성	① 전신반응시간 ② 탬핑과 스텝핑 ③ side step test ④ 버피 테스트	
	(2) 평형성	① stick test ② 눈 감고 한 발로 서기	

02 유연성 2018년 B 6번

1. 스트레칭 유형	(1) 정적 스트레칭	① 관절을 천천히 신전시킨 후 수 초 동안 신전된 자세 유지 ② 상해 발생 위험 감소
	(2) 동적 스트레칭	① 신체 분절 반동을 통한 근육과 관절 신전 ② 상해 발생 위험 증가
	(3) 수동적 스트레칭	① 짝과 2인 1조 실시 ② 안정성 확보
	(4) PNF 스트레칭 (근신경 촉진법)	① PNF 스트레칭은 인체에 분포되어 있는 고유수용기의 자극을 통한 신경근육계의 반응을 촉진시키는 스트레칭 방법 ② PNF 기법의 주된 기본 원리는 등척성 근수축을 통해 주동근과 길항근의 상호억제 작용을 이용하는 것으로 주동근을 수축시키면 길항근이 이완되고, 반대로 길항근을 수축시키면 주동근이 이완하는 작용, 즉 신경지배의 상호작용을 이용한 방법임

> PNF 스트레칭의 구체적 방법은 먼저 스트레칭 하고자 하는 목적의 근육을 강하게 수축한 다음에 근육의 길항근을 강하게 수축시킨다. 그러면 상반 신경지배에 의해서 주동근이 한층 더 이완되게 된다. 그러한 상태에서 목적하는 주동근을 정적으로 더욱 신전시키게 된다. 또한 정적 스트레칭을 통해 늘리고자 하는 근육에 저항을 가해 골지힘줄을 활성화시켜 알파 운동신경의 활성을 억제시키는 자가억제 기전의 활성을 초래하여, 스트레칭의 추가적인 효과를 얻게 된다.

③ 유지-이완과 수축-이완의 PNF 기법은 스트레칭 전 능동적 또는 수동적으로 신전된 근육에 등척성 근수축을 사용한 기법임

④ 유지-이완 기법은 수동적으로 신전된 근육 부위에 등척성 근수축을 실시한 후, 다시 수동적 스트레칭을 실시하여 가동 범위를 확장시키는 방법임

1. 스트레칭 유형	(4) PNF 스트레칭 (근신경 촉진법)

유지-이완(Hold-Relax)

- 수동적인 신장을 시작해 약간 불편할 정도로 10초 동안 유지한다.
- 파트너는 대항근에 저항을 적용하고 선수에게 이 자세를 유지하라고 한다.
- 선수는 등척성 수축을 하고 파트너가 가하는 저항에 6초 동안 저항하여 버틴다.
- 선수는 원래 상태로 휴식을 취하고 파트너는 선수에게 더 폄 각도를 늘려 20~30초 동안 수동적인 신장을 한다.
- 이러한 주기를 최대 가동범위가 나올 때까지 반복해 준다.

⑤ 수축-이완 기법은 등장성 수축을 통해 능동적으로 한계점까지 목표 근육을 신전시킨 후 보조자에 의해 수동적으로 스트레칭을 하는 방법임

수축-이완(Contract-Relax)

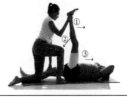

- 수동적인 신장을 시작해 약간 불편할 정도로 10초 동안 유지한다.
- 선수가 관절의 가동범위를 통한 작용근 군의 단축성 수축을 하는 동안 파트너는 작용근 근육군에 저항을 가한다.
- 선수는 원래 상태로 이완시키고 파트너는 선수에게 더 폄 각도를 늘려 20~30초 동안 수동적인 신장을 하게 한다.
- 이러한 주기를 최대 가동범위가 나올 때까지 반복해 준다.

⑥ 주동근 수축에 의한 유지-이완-수축 기법은 등척성 근 수축 후 마지막에 능동적으로 주동근을 수축하여 길항근을 이완 시키는 방법임

주동근 수축에 의한 유지-이완
(Hold-Relax with Agonist Contraction)

(4) PNF 스트레칭 (근신경 촉진법)

- 수동적인 신장을 시작해 약간 불편할 정도로 10초 동안 유지한다.
- 파트너는 대항근 근육군에 저항을 적용하고 선수에게 이 자세를 유지하라고 한다.
- 파트너의 힘에 저항하기 위해 대항근 근육군의 단축성 수축을 한다.
- 수동적 신장을 20~30초 동안 선수에게 적용시킨다.
- 이러한 주기를 최대 가동범위가 나올 때 까지 반복해 준다.

1. 스트레칭 유형

특성	동적 스트레칭	정적 스트레칭	근신경 촉진법
상해의 위험	높음	낮음	중간
고통의 정도	중간	낮음	높음
스트레칭에 대한 저항	높음	낮음	중간
실용성(시간과 보조자)	좋음	우수	약함
효율성(에너지 소비)	약함	우수	좋음
가동범위 증가의 효과	좋음	좋음	좋음

2. 측정방법

① 체전굴
② 체후굴
③ 전후개각

3. 스트레칭 효과

① 근육 긴장 감소
② 협응력 향상
③ 관절 가동범위 증가
④ 스포츠 상해 예방
⑤ 혈액순환 촉진
⑥ 지속적 유연성 트레이닝에 의한 근방추 민감도 저하

주 에너지시스템에 따른 트레이닝과 적응

01 무산소성 파워 향상 트레이닝

1. ATP-PC 체계 향상 훈련	(1) 미식축구, 역도, 100m 달리기	
	(2) ATP-PC 시스템을 통한 최대 ATP 산출 훈련프로그램 계획	
	(3) 인터벌 트레이닝	① 단시간 고강도 5~10초 부하기, 30~60초 동적휴식 ② 단시간 고강도 인터벌 트레이닝은 동일강도 지속 트레이닝보다 상대적으로 낮은 젖산 축적과 조기 회복
2. 해당작용 체계 향상 훈련	① 20~60초 고강도 운동으로 대사경로의 과부하 제공 ② 근당원의 급격한 고갈 유도 ③ 강도 높은 인터벌 훈련과 강도 낮은 인터벌 훈련의 교대 실시	

02 무산소 트레이닝에 의한 적응

1. 근육 적응	① 고강도 운동 FT 근섬유 발달 ② FTa와 FTx 근섬유 횡단면적 증가 ③ 스프린트 트레이닝으로 ST 섬유 비율 감소, FT 섬유 비율 증가	
2. 에너지시스템 적응	(1) ATP-PC 시스템	① 근력 증가 ② 피로에 대한 저항력 증진
	(2) 해당과정 시스템	① 해당과정 효소(PFK) 증가 ② 큰 힘을 더 오랜 시간 발휘 ③ 근력 향상에 의한 경기력 향상
3. 기타 적응	(1) 움직임 효율성	① 운동 기술과 협응력 향상 ② 동작 효율성 향상과 에너지의 경제적 사용
	(2) 유산소적 에너지 생산 능력	① 30초 지속 전력 운동 거리 증가 ② 30초 지속 전력 질주 피로 지연
	(3) 완충 능력 (젖산 내성)	① 근육 완충 능력 증가 ② 근육 완충 능력의 증가는 근육과 혈액 젖산염 수준의 최대 상승 허용 ③ 수소이온 완충으로 피로 지연

03 유산소성 파워 향상 트레이닝

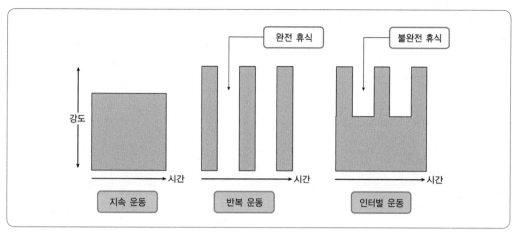

1. 인터벌 트레이닝 2001년 5번 / 2010년 2차 4번	(1) 인터벌 트레이닝의 변인	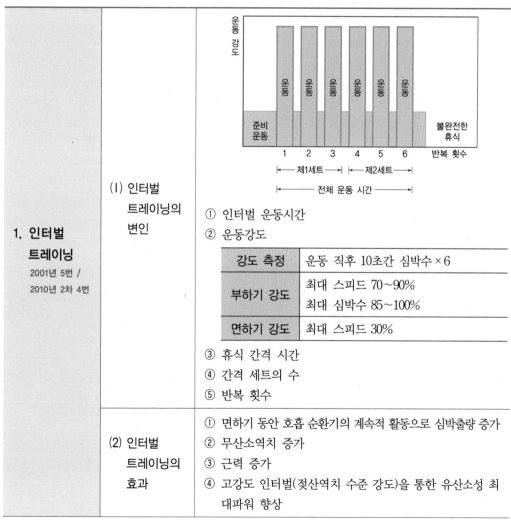 ① 인터벌 운동시간 ② 운동강도

강도 측정 / 부하기 강도 / 면하기 강도

강도 측정	운동 직후 10초간 심박수 × 6
부하기 강도	최대 스피드 70~90% 최대 심박수 85~100%
면하기 강도	최대 스피드 30%

③ 휴식 간격 시간
④ 간격 세트의 수
⑤ 반복 횟수

(2) 인터벌 트레이닝의 효과

① 면하기 동안 호흡 순환기의 계속적 활동으로 심박출량 증가
② 무산소역치 증가
③ 근력 증가
④ 고강도 인터벌(젖산역치 수준 강도)을 통한 유산소성 최대파워 향상

2. 저강도 지속 트레이닝	① 전신지구력 향상 ② 피로에 대한 저항력 증진 ③ 페이스 조절력 향상
3. 고강도 지속 트레이닝	① 최대산소섭취량 증가 ② 젖산역치 지연
4. 반복 트레이닝	① 운동강도에 따른 특이적 적응 ② 전력 질주 마지막 스퍼트 능력 향상
5. 지구력 평가 측정 기준 2007년 17번 / 2019년 A 13번	① $VO_2\,max$ ② 젖산역치(LT) ③ 환기역치(VT) ④ 무산소역치(AT)

04 유산소 트레이닝에 대한 적응

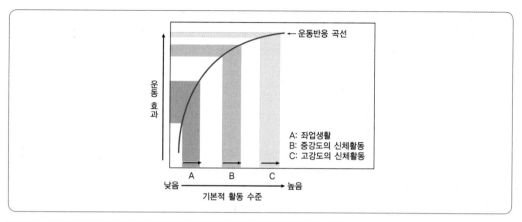

1. 유산소 파워 향상	(1) 최대심박출량 증가	① 1회 박출량 증가 ② 이완기 혈액량 증가와 수축기 혈액량 감소 ③ 심실에 채워지는 혈액량 증가 ④ 심실 수축력 향상 ⑤ 대동맥 및 폐동맥의 평균 압력 감소
	(2) 최대동정맥 산소차 증가	① 모세혈관 밀도 증가에 따른 산소 확산 능력 향상 ② 미토콘드리아 산화력 향상
	(3) 순환기능 개선	① 심실강 크기 증가 ② 심박수 감소(운동성 서맥) : 교감신경 충격 감소와 부교감신경의 제어 증가 ③ 1회 박출량 증가 ④ 혈액량과 헤모글로빈 수 증가 ⑤ 혈압 감소
2. 호흡계 적응	(1) 폐용량	① 폐활량 약간 증가 ② 잔기량 : 약간 감소(총 폐용량 무변) ③ 1회 호흡량 : 안정 시 무변, 최대운동 시 증가
	(2) 호흡수	① 안정 시와 최대하 운동 중 호흡수 감소 ② 최대운동 시 호흡수 증가
	(3) 폐환기량	① 안정 시 무변(약간 감소) ② 최대운동 시 1회 호흡량과 호흡수 증가에 따른 최대환기량 증가
	(4) 폐확산	① 안정 시, 최대하 운동 시 무변 ② 최대운동 시 폐확산 능력 증가
	(5) 동정맥산소차	안정 시, 최대운동 시 동정맥산소차 증가

3. 근육 적응	① 지근섬유 발달 ② 모세혈관 밀도 증가 ③ 마이오글로빈 함유량 증가 ④ 미토콘드리아 수 크기 증가 ⑤ 산화적 효소 발달	
4. 에너지원 적응	(l) 탄수화물 저장력 증대	
	(2) 지방대사 증진	① 근섬유 중성지방 저장 증가 ② FFA 동원 능력 향상 ③ 지방 산화능력 증가
	(3) 탄수화물과 지방 연료 교차점 지연	
5. 최대하 운동 중 젖산역치 지연 2009년 2차 3번 / 2025년 A 2번	① 유산소 능력 발달 ② 해당과정 의존 감소 	
6. 호흡교환율	① 최대하 운동 중 호흡교환율 R지수 감소 ② 최대 운동강도에서는 과환기에 의한 호흡교환율 증가	

트레이닝 효과

01 에너지대사

1. 인원질 시스템	(1) 구조적 변화	① 에너지	PC 저장량 증가
		② 효소	크레아틴키나아제, 마이오키나아제 효소 활성화
		③ 운동능력	순발적 파워 증가
	(2) 기능적 변화	① 최대운동 중 변화	㉠ ATP-PC 에너지 공급능력 증가 ㉡ 인원질 사용 비율이 높아 빠른 회복기 산소 소비량 증가
		② 최대하 운동 중 변화	㉠ 초기 산소결핍에서 초기 젖산량 감소 ㉡ 유산소 능력 증가에 따른 ATP-PC와 젖산 의존도 감소
2. 젖산 시스템	(1) 구조적 변화	① 에너지원	글리코겐 저장량 증가
		② 효소	해당효소(PFK) 활성화
		③ 운동능력	젖산에 대한 완충능력 증가, 지속적 파워 증가
	(2) 기능적 변화	① 최대운동 중 변화	㉠ 젖산체계에 의한 에너지 공급능력 증가 ㉡ 글리코겐 고갈과 젖산 축적량 증가 ㉢ 회복기 산소소비량 증가
		② 최대하 운동 중 변화	㉠ 초기 산소결핍 감소 ㉡ 젖산 대사비율 감소 ㉢ 미토콘드리아에 의한 에너지 공급비율 증가 의한 산화력 증가

3. 유산소 시스템	**(1) 구조적 변화**	① 에너지 공급	㉠ 모세혈관 밀도 증가, 산소 확산능력 향상 ㉡ 유리지방산 공급능력 향상
		② 에너지 소비	㉠ 미토콘드리아 수와 크기 증가에 의한 미토콘드리아 산화능력 개선 ㉡ 산화효소 활성화 ㉢ 마이오글로빈 수 증가
		③ 무산소성 역치점 지연	
	(2) 기능적 변화	① 최대운동 중 변화	㉠ 저장산소 증가, 미토콘드리아 산화능력 증가에 따른 ATP 공급능력 증가 ㉡ 젖산대사 증가에 따른 젖산 축적 지연
		② 최대하 운동 중 변화	㉠ 모세혈관 밀도 증가로 근육의 혈류 속도 지연 ㉡ 유리지방산 섭취 증가, 카르니틴 운반효소 증가, 유리지방산 유용성 증가 ㉢ 미토콘드리아 수와 크기 증가에 의한 혈장 포도당 절약, 피루빅염 형성 감소, 젖산 감소, 혈중 pH 유지능력 향상, 트레이닝 후 EPOC 감소

02 근육계

1. 근 비대	① 근섬유 크기 증가 ② 근섬유당 근원섬유의 수와 크기 증가 ③ 마이오신 세사 중심 수축 단백질 양 증가 ④ 섬유당 모세혈관 밀도 증가 ⑤ 결체조직, 힘줄, 인대조직 양 증가
2. 모세혈관 밀도 증가	
3. 근섬유 미토콘드리아 산화능력 향상	
4. 근섬유 에너지 저장능력 및 해당능력 향상	

03 신경계 ^{2001년 5번}

1. 조정력 향상

2. 동작의 자동화

04 호흡계

1. 폐용량	(1) 폐활량	약간 증가, 잔기량 약간 감소
	(2) 1회 호흡량	안정 시 무변, 최대운동 시 증가
2. 호흡수	① 안정 시와 최대하 운동 중 호흡수 감소 ② 호흡효율 증가 ③ 최대운동 시 호흡수 증가	
3. 폐환기량	① 안정 시 무변 또는 약간 감소, 최대하 운동 시 약간 감소 ② 최대환기량 증가	
4. 동정맥산소차	(1) 동맥혈 산소농도 일정	
	(2) 동정맥산소차	최대하, 최대운동 중 증가

05 순환계 2002년 14번 / 2005년 17번 / 2010년 28번 / 2013년 19번

1. 안정 시	(1) 심장 크기 변화	① 심실강 크기 증가 ② 심근층 두께 증가
	(2) 1회 박출량 증가	
	(3) 심박수 감소	
	(4) 혈압 감소	
2. 최대하 운동 중	(1) 산소 섭취 거의 무변 또는 약간 감소	① 기계적 효율성(기술)의 증가로 산소 섭취 약간 감소 ② 운동 중 인체 효율성 증대 ③ 미토콘드리아의 산화능력 향상으로 산소소비량 감소
	(2) 근글리코겐 사용 감소 (글리코겐 절약)	① 글리코겐 절약(glycogen sparing) ② 근육 유리지방산 사용능력 증가 ③ 지방산 산화능력 증가
	(3) 젖산 축적 감소	① 젖산 축적 감소의 생리학적 기전 • 운동 시작 산소 결핍 감소 • 코리 사이클 활성 • 근육 내 미토콘드리아의 수와 크기 증가, 지방 산화의 크렙스 사이클과 전자수송계에 작용하는 효소 농도와 활성도 증가 ② 최대하 운동 지속능력 증가
	(4) 운동수행 속도 증가와 젖산역치 지연	① 동일 젖산 농도에서 빠른 속도 유지 ② 동일 속도에서 젖산 농도 감소
	(5) 심박출량 무변 또는 약간 감소	
	(6) 1회 박출량 증가	
	(7) 심박수 감소	① 미토콘드리아 수 증가 ➡ 운동단위 동원 감소 ➡ 심폐조절중추 자극 감소 ➡ 교감신경 감소 ➡ 심박수·환기량 감소 ② 부교감신경 자극 증가와 교감신경 자극 감소로 동방결절 내재성 박동률 감소
	(8) 활동근 1kg당 근혈류량 감소	① 모세혈관 증가 ② 근육 산소 활용능력 증가 ③ 적은 혈류량으로 효율적 산소 소비 ④ 비활동근으로 혈류량 증가

02

3. 최대운동 (직후)	① 최대 유산소성 파워(최대산소섭취량) 증가 ② 심박출량 증가 ③ 1회 박출량 증가 ④ 심박수 무변 약간 감소 ⑤ 분당 환기량 증가 ⑥ 폐 확산능력 증가 ⑦ 젖산 축적 증가 ⑧ 근육 1kg당 공급되는 혈류량 무변 트레이닝으로 총 혈류량은 증가하지만 상대적으로 필요한 근육량도 증가하여 근육 1kg당 공급되는 혈류의 양은 상대적으로 무변

09 고지대 트레이닝과 적응

01 고지 환경

1. 단시간 무산소성 운동수행력	① 1968년 멕시코 올림픽 대회 단거리 육상 경기 기록 단축 ② 공기 밀도 감소 ➡ 공기 저항 감소 ➡ 단거리 경기 기록 향상
2. 장시간 유산소성 운동수행력	① 3분 이상의 운동 경기력 제한 ② 산소 분압 감소 ➡ 헤모글로빈의 산소포화도와 산소섭취량 감소 ➡ 장거리 기록 하락

02 고지대에서의 운동 2012년 28번

1. 고지대 반응

(1) 호흡 반응	① 폐환기	㉠ 고도가 높아질수록 호흡량 상승 ㉡ 호흡량 증가 ➡ 폐포 이산화탄소 감소 ➡ 신장의 중탄산염이온 배출
	② 근육의 가스 교환	㉠ 고도 상승에 따라 혈액과 활동조직 간 가스 확산 ㉡ 혈장량 감소 ➡ 적혈구 농도 증가
	③ 고도 상승에 따라 최대산소섭취량 감소	
(2) 심혈관 반응	① 혈액량	㉠ 단기적 감소 후 평지 수준으로 증가 ㉡ 혈장량 감소를 통한 단위 혈액당 적혈구 수 증가
	② 심박출량	㉠ 1회 박출량 감소 ㉡ 최대운동 동안 최대 1회 박출량과 최대심박수 감소
(3) 대사능력	① 산소 운반 제한 ➡ 산화적 능력 감소 ② 해수면보다 더 많은 무산소적 에너지 생산 ③ 완충능력(중탄산이온 신장 배출) 감소 ➡ 근육 해당과정 능력 제한 ➡ 최대운동 중 젖산 감소	

2. 고지대 순응

(1) 혈액 적응	① 혈장량의 정상 수준 회복 ② 총 혈액량 증가 ③ 혈액 헤모글로빈 농도 증가
(2) 근육 적응	① 근섬유 면적 감소(총 근육 면적 감소) ② 근육 모세혈관 밀도 증가
(3) 심폐계 적응	① 과호흡을 통한 혈액의 알칼리화 ② 최대산소섭취량 감소

생리 기능	단기간의 변화	장기간의 변화
호흡	과호흡	과호흡
최대 심박수	감소	감소
최대 심박출량	감소	감소
혈장량	감소	평지 수준
적혈구 수	증가	증가
모세혈관 밀도	–	증가
미토콘드리아 수	–	증가

권윤성 ZOOM 전공체육

운동생리학
트레이닝론

01 건강의 의미와 관리 2001년 7번 / 2006년 24번

1. 건강의 의미	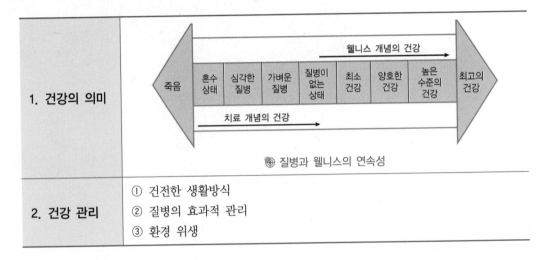
2. 건강 관리	① 건전한 생활방식 ② 질병의 효과적 관리 ③ 환경 위생

02 운동과 건강

1. 현대 생활의 특징	(1) 운동 부족	① 신체기관의 정상적인 발달 저해 ② 근육통, 골다공증, 관상동맥 질환, 뇌혈관 질환 등 각종 성인병 유발
	(2) 스트레스	① 고혈압과 부정맥 유발 ② 동맥경화를 촉진시켜 심혈관계 질환 유발 ③ 인체 면역능력을 약화시켜 바이러스 감염, 알레르기, 천식 등 여러 가지 질병과 불안, 분노, 공포, 두통, 근육통 등 정신·신체 질환 유발
	(3) 영양 과잉과 비만	① 생활수준의 향상으로 영양 섭취 증가, 신체활동 부족, 에너지 소비 감소 ② 비만은 관절염, 동맥경화, 고혈압, 관상동맥 질환, 뇌혈관 질환 등의 성인병 유발
2. 운동과 건강		① 체력 증진과 성인병 예방 ② 스트레스 해소 ③ 비만 해소

공중 보건

01 공중 보건의 의미와 수준

1. 의미	① 국민 전체 또는 지역 사회에 살고 있는 주민 전체의 건강 ② 공중 보건 활동의 영역 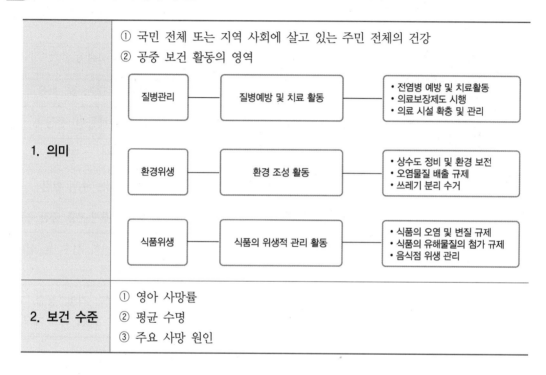
2. 보건 수준	① 영아 사망률 ② 평균 수명 ③ 주요 사망 원인

02 질병 발생과 요인

1. 질병 발생의 경향				
2. 질병 발생 요인	(1) 주체 (숙주, 인간)	① 인간 자체 ② 성, 연령, 체질, 저항력, 영양 상태, 성격, 신념, 생활 습관 등		
	(2) 병인	① 질병을 일으키는 원인		
		② 4가지 병인	㉠ 생물학적 병인	세균, 바이러스
			㉡ 물리적 병인	기후, 방사선, 빛, 소음
			㉢ 화학적 병인	약품, 유해물질, 중금속
			㉣ 정신적 병인	정서 불안, 스트레스
	(3) 환경	① 주체와 병인의 상호작용에 영향을 미치는 주위 환경		
		② 3가지 환경	㉠ 생물적 환경	병원소, 매개 곤충, 중간 숙주
			㉡ 물리적 환경	계절의 변화, 기후, 물, 실내 외의 환경
			㉢ 사회적 환경	인구 밀도, 직업, 풍습, 교육, 의료 수준, 의료 제도

03 감염병의 원인과 예방

	(1) 병원체 침입			
1. 감염병의 발생 과정	**(2) 감염**	① 병원체가 인체에 침입하여 증식하는 상태	㉠ 현성 감염	발병하여 임상적인 증세가 나타나는 경우
			㉡ 불현성 감염	임상 증세가 나타나지 않는 경우로 자연적 회복 후 항체 형성
		② 보균자(감염 상태에 있으나 자각적으로나 타각적으로 증상이 나타나지 않은 병원체)	㉠ 회복기 보균자	감염병에 걸렸다가 증상이 사라진 후에도 병원체 배출
			㉡ 잠복기 보균자	증상 발현 전 잠복기에 병원체 배출
			㉢ 건강 보균자	감염에 의한 임상 증상이 전혀 없으나 병원체 배출
	(3) 감염병 발병			
2. 감염병의 유행 조건	(1) 감염병의 3가지 조건	① 감염원 ② 병원체 ③ 병원소		
	(2) 전파(감염병의 감염)			
	(3) 숙주의 감수성과 면역			
3. 감염병 예방	① 병인 대책 ② 감염 경로 차단 ③ 주체의 면역 증강			

	(1) 제1급감염병	생물테러감염병 또는 치명률이 높거나 집단 발생의 우려가 커서 발생 또는 유행 즉시 신고. 음압격리와 같은 높은 수준의 격리가 필요한 감염병
	(2) 제2급감염병	전파가능성을 고려하여 발생 또는 유행 시 24시간 이내에 신고. 격리가 필요한 감염병
	(3) 제3급감염병	발생을 계속 감시할 필요가 있어 발생 또는 유행 시 24시간 이내 신고하여야 하는 감염병
	(4) 제4급감염병	유행 여부를 조사하기 위하여 표본감시 활동이 필요한 감염병

4. 법정 감염병
2002년 17번

⊙ 감염병의 종류

제1급 감염병 (17종)	에볼라바이러스병, 마버그열, 라싸열, 크리미안콩고출혈열, 남아메리카출혈열, 리프트밸리열, 두창, 페스트, 탄저, 보툴리눔독소증, 야토병, 신종감염병증후군, 중증급성호흡기증후군(SARS), 중동호흡기증후군(MERS), 동물인플루엔자 인체감염증, 신종인플루엔자, 디프테리아
제2급 감염병 (21종)	결핵, 수두, 홍역, 콜레라, 장티푸스, 파라티푸스, 세균성이질, 장출혈성대장균감염증, A형간염, 백일해, 유행성이하선염, 풍진, 폴리오, 수막구균 감염증, b형헤모필루스인플루엔자, 폐렴구균 감염증, 한센병, 성홍열, 반코마이신내성황색포도알균(VRSA) 감염증, 카바페넴내성장내세균속균종(CRE) 감염증, E형간염
제3급 감염병 (28종)	파상풍, B형간염, 일본뇌염, C형간염, 말라리아, 레지오넬라증, 비브리오패혈증, 발진티푸스, 발진열, 쯔쯔가무시증, 렙토스피라증, 브루셀라증, 공수병, 신증후군출혈열, 후천성면역결핍증(AIDS), 크로이츠펠트-야콥병(CJD) 및 변종크로이츠펠트-야콥병(vCJD), 황열, 뎅기열, 큐열, 웨스트나일열, 라임병, 진드기매개뇌염, 유비저, 치쿤구니야열, 중증열성혈소판감소증후군(SFTS), 지카바이러스 감염증, 매독, 엠폭스
제4급 감염병 (23종)	인플루엔자, 회충증, 편충증, 요충증, 간흡충증, 폐흡충증, 장흡충증, 수족구병, 임질, 클라미디아감염증, 연성하감, 성기단순포진, 첨규콘딜롬, 반코마이신내성장알균(VRE) 감염증, 메티실린내성황색포도알균(MRSA) 감염증, 다제내성녹농균(MRPA) 감염증, 다제내성아시네토박터바우마니균(MRAB) 감염증, 장관감염증, 급성호흡기감염증, 해외유입기생충감염증, 엔테로바이러스감염증, 사람유두종바이러스 감염증, 코로나바이러스감염증-19

04 성인병의 원인과 예방

1. 성인병 특징	① 오랜 기간 동안 서서히 인체 기관의 기능 쇠퇴로 나타나는 질병 ② 치료보다 예방 중요		
2. 성인병 원인	① 과학 발달과 사회 구조의 변화 및 기계화, 자동화로 인한 신체활동 감소 ② 정신적 스트레스와 영양 과잉 원인으로 발병		
3. 성인병 예방	(1) 바람직한 생활 습관(1차 예방)	① 규칙적 운동 ② 균형 잡힌 식습관 ③ 스트레스 해소	
	(2) 질병의 조기 발견과 악화 방지(2차 예방)		
	(3) 재활(3차 예방)		

4. 성인병 종류

2010년 초등 42번 /
2011년 40번 /
2012년 15번 /
2013년 34번 /
2017년 A 14번 /
2019년 A 6번 /
2024년 A 2번 /
2025년 A 9번

(1) 당뇨병

특징	I형 인슐린 의존형	II형 인슐린 비의존형
다른 명칭	소아 당뇨병	성인 당뇨병
전체 당뇨병에서의 비율	~10%	~90%
발병 나이	<10	>40
질병의 진행	빠르다	느리다
가족병력	드물다	흔하다
인슐린 요구	항상	일반적이지만 항상은 아니다
췌장 인슐린	없거나 적다	정상 또는 높다
케톤산성증	일반적	드물다
체지방	정상/마른	일반적으로 비만

		혈당지수(glycemic index, GI)

특정 탄수화물 식품 50g을 섭취한 후 2시간 동안 나타나는 혈당의 반응을 상대적으로 나타낸 값이다. 혈당지수는 보통 포도당 50g을 섭취했을 때 나타나는 혈당의 반응을 100점 기준으로 한다. 일반적으로 다음과 같은 수치들이 식품의 혈당지수를 평가하는 데 사용된다.

- 70 이상 : 고혈당지수 식품
- 56~69 : 중혈당지수 식품
- 50 이하 : 저혈당지수 식품

4. 성인병 종류
2010년 초등 42번 /
2011년 40번 /
2012년 15번 /
2013년 34번 /
2017년 A 14번 /
2019년 A 6번 /
2024년 A 2번 /
2025년 A 9번

(2) 비만

① 신체 활동 부족과 영양 과잉
② 동맥경화, 고혈압, 당뇨, 관상동맥 질환, 뇌졸중, 뇌경색 등 유발
③ 소아비만 : 지방세포 크기와 지방세포 수 증가

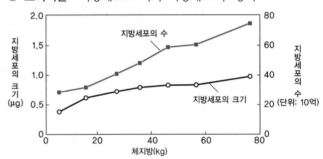

④ 과체중과 비만의 평가방법
　㉠ 체질량지수(BMI)

$$BMI = wt[kg] \div ht[m^2]$$

구분	BMI 지수
체중 미달	< 18.5
정상	18.5~24.9
체중 과다	25.0~29.9
비만 1등급	30.0~34.9
비만 2등급	35.0~39.9
비만 3등급	≥ 40

　㉡ 수중체중측정법

신체밀도 = 질량 / 부피

　㉢ 피부두겹법
　㉣ 생체전기저항법(BIA)

03

		⑤ 셸돈(Sheldon)·히스-카터(Heath-Carter) 체형분류

	(2) 비만		
4. 성인병 종류 2010년 초등 42번 / 2011년 40번 / 2012년 15번 / 2013년 34번 / 2017년 A 14번 / 2019년 A 6번 / 2024년 A 2번 / 2025년 A 9번		내배엽 (비만형)	신체의 외형이 부드럽고 근육이 발달되어 있지 못하며 지방이 많이 축적되어 있어 목이 짧은 체형
		중배엽 (근육형)	신체의 외형이 강인한 근육으로 발달되어 있고 다리, 몸통, 팔의 골격은 육중한 인상으로 가슴은 넓고 허리는 비교적 가늘며 승모근과 삼각근 발달
		외배엽 (세장형)	신체의 외형이 가늘고 나약해 보이며 어깨가 항상 축 늘어져 왜소한 인상으로 사지는 비교적 길고 몸통은 짧은 편
	(3) 고혈압	① 정상혈압	수축기 혈압 120mmHg, 이완기 혈압 80mmHg
		② 고혈압	수축기 혈압 140~160mmHg 이상, 이완기 혈압 90~100mmHg 이상
		③ 심장병, 뇌졸중, 신장병 유발	
	(4) 뇌졸중과 뇌경색	① 뇌졸중	뇌동맥경화증이나 고혈압으로 뇌동맥이 터져서 뇌출혈 발생
		② 뇌경색	뇌동맥경화증으로 인하여 뇌동맥이 막혀 뇌세포 기능 상실
		③ 증상	언어장애, 시력장애, 현기증, 팔다리 마비 등

4. 성인병 종류 	(5) 관상동맥 질환	① 심장에 혈류를 공급하는 동맥(관상동맥) 내벽이 두꺼워져 점차 좁아지는 현상 ② 심부전과 심장마비의 주요 원인 ③ 규칙적인 신체활동으로 흡연자와 고혈압 환자의 관상동맥 질환 위험성 예방 **혈중 지질 요소** 콜레스테롤과 중성지방을 포함하는 지질은 혈액에 용해되지 않는다. 이것이 혈액 내에서 용해되기 위해 단백질과 결합되어 몸 전체를 돌아다니게 된다. 혈액에서 발견되는 지질과 단백질의 결합 다발을 지단백질이라고 한다. 이 중 저밀도 지단백 콜레스테롤(LDL-C)은 간에서 생산되어 콜레스테롤과 중성지방을 필요로 하는 인체 조직으로 전달된다. 간은 또한 고밀도 지단백 콜레스테롤(HDL-C)도 생산하는데, 이것의 기능은 인체 세포 내의 지질을 간으로 회기시키는 일을 하게 된다. 저밀도 지단백 콜레스테롤과 고밀도 지단백 콜레스테롤은 그들의 이름에서 암시하듯이, 지질 성격보다는 단백질에 더 밀접함을 보인다. LDL-C는 HDL-C보다 더 낮은 밀도를 보여주는데, 그 이유는 LDL-C가 더 큰 양의 콜레스테롤과 중성지방을 포함하고 있기 때문이다. 혈중 콜레스테롤 증가, LDL-C 증가, 그리고 HDL-C 감소 등은 관상동맥경화 발병 위험과 밀접하다.
	(6) 그 외 성인병	협심증, 심근경색, 동맥경화, 암

05 환경과 건강

1. 대기오염	(1) 원인	① 자동차 배기가스 ② 일상생활의 난방과 취사에 의한 연소 가스 ③ 공장 매연과 가스 ④ 쓰레기 소각장에서 발생하는 가스와 분진
	(2) 유해가스와 물질	① 일산화탄소, 이산화탄소, 이산화황, 이산화질소, 먼지, 악취 등 ② 유해물질과 유해가스의 작용에 의하여 오존 파괴 발생 ③ 스모그와 산성비
2. 수질오염	(1) 원인	① 사람이나 가축의 분뇨, 세탁용 세제, 음식 찌꺼기 등에 서 나오는 생활하수, 공장 폐수, 농약 등 ② 생활하수가 전체 수질오염에 70% 기여
	(2) 지표 생물	① 1급수 지표 생물 옆새우, 플라나리아, 열목어
		② 2급수 지표 생물 꺽지, 피라미, 은어, 장구벌레, 갈겨니
		③ 3급수 지표 생물 거머리, 붕어, 잉어
		④ 4급수 지표 생물 실지렁이, 깔따구, 종벌레
	(3) 방지 대책	① 공장 폐수와 가축 분뇨의 철저한 정화 ② 가정과 농촌에서 합성 세제와 농약 사용 감소 위한 노력
3. 토양오염	(1) 원인과 오염물질	① 물리·화학·생물학적 작용에 의한 자정 능력 저하 ② 사람과 가축의 분뇨, 합성 세제 등의 유기물, 농업용 및 용품에서 나오는 썩지 않는 비닐과 플라스틱 종류, 산업 폐기물로 배출되는 수은, 구리, 납, 카드뮴 등의 중금속, 농촌에서 사용되는 농약과 비료 등
	(2) 방지 대책	① 정부 차원의 폐기물 관리 '재활용' 중심으로 전환하여 '폐기 물 최소화'
		② 쓰레기 감소 운동

06 자연환경과 건강

햇빛	(1) 자외선	① 과도한 자외선 조사량은 안구 건강 저해 ② 적정량의 자외선은 뼈의 발육 촉진(비타민 D 합성) ③ 강한 살균력으로 곰팡이와 세균 등 제거 ④ 피부 결핵 및 관절염 치료 ⑤ 신진대사 촉진, 적혈구 생성 촉진, 혈압 강하 ⑥ 과도한 조사량 시 피부의 홍반 및 색소 침착, 피부병, 결막염, 피부암 유발
	(2) 가시광선	① 망막을 자극하여 물체 식별과 색깔 구분 ② 광선량이 부족하면 시력 저하와 눈의 피로 초래 ③ 지나친 조사량은 시력 장애 유발
	(3) 적외선	① 열작용 ② 혈관을 확장시켜 혈액순환 촉진 ③ 조사 과다 시 두통, 현기증, 열사병 유발

07 지구 환경 문제와 대책 2009년 40번

1. 오존층 파괴	(1) 정의	태양 자외선 흡수하여 보호막 기능의 오존층 파괴
	(2) 영향	① 피부암, 면역성 감소, 가축의 성장 저해, 농작물 수확 감소, 생태계 파괴 등 ② 자외선이 투과되어 안구 손상의 백내장 유발
	(3) 원인	① 냉장고와 냉방 장치의 냉매, 에어로졸 충전제, 발포제 등에 사용되는 염화불화탄소 ② 소화제에 사용되는 할론
	(4) 대책	1987년 유엔 환경계획(UNEP) 몬트리올 의정서 채택
2. 지구 온난화	(1) 정의	환경오염에 의한 지구 표면 온도 증가
	(2) 영향	① 식물과 동물 멸종 ② 엘니뇨 현상 가속화에 의한 기상 이변
	(3) 원인	① 화석 연료와 산불로 발생하는 이산화탄소 ② 냉매나 살충제로 이용되는 염화불화탄소(프레온 가스) ③ 축산과 농업의 확대로 증가하고 있는 메탄, 이산화질소
	(4) 대책	1992년 리우 기구 협약

소비자 보건

01 소비자 보건의 이해

1. 소비자 보건의 의미	식료품, 의약품, 기호품 등의 각종 생활용품을 소비하는 과정에 발생되 는 건강장애 예방		
2. 식품 위생	(1) 세균성 식중독 발생 원인	① 세균 감염	
		살모넬라균, 비브리오균, 병원성 대장균(O157)	
		② 세균이 분비하는 독소	
		보툴리나스균, 포도상구균	
	(2) 화학성 식중독 발생 원인	① 불량 첨가물	
		유해 감미료, 공업용 색소, 방부제·표백제	
		② 생산과정에서 우연히 첨가된 유해물질	
		잔류 농약, 각종 포장 및 용기의 오염, 환경 호르몬	
		③ 각종 환경오염 물질	
		비소, 납, 카드뮴, 수은	
	(3) 자연독 식중독 발생 원인	① 독물성 자연독	
		복어, 조개류	
		② 식물성 자연독	
		독버섯, 태양에 노출된 감자, 곰팡이류	

02 흡연과 건강 2004년 17번 / 2007년 24번 / 2013년 12번

1. 담배의 유해성분	(1) 니코틴	① 무색의 휘발성 액체 ② 다량 섭취 시 신경 마비의 환각 발생 ③ 각성 증가 ④ 말초혈관 수축으로 혈압 증가 ⑤ 콜레스테롤 증가로 동맥경화증 유발 ⑥ 소화기계에 작용하여 궤양 발생
	(2) 타르	① 치아 변색 ② 폐암, 위암, 기관지암 등 각종 암 유발 ③ 세포, 장기, 잇몸, 기관지 손상과 만성 염증 유발
	(3) 일산화탄소(CO)	① 신진대사 장애와 노화 촉진 ② 헤모글로빈과 결합하여 산소 운반 능력 저하
2. 흡연으로 인한 질병	(1) 동맥경화	
	(2) 일산화탄소	협심증과 심근경색
	(3) 타르	암
3. 간접흡연의 피해		

03 음주와 건강

음주의 생리적 작용	(1) 음주의 영향	① 지방간 · 간 경화증 ② 중추 및 말초신경계 손상의 건망증, 신경마비, 말초 신경염 ③ 알코올성 심근염 ④ 위장병 · 췌장염	
	(2) 음주와 운동능력	① 운동 전의 알코올 섭취	중추신경계 억제로 반응 시간 증가, 정확성 감소
		② 운동 중 탈수 촉진, 근육 글리코겐 함량 저하, 호흡 · 순환계 억제, 체액의 산성화를 초래하여 전신 지구력 감소	
		③ 수중 운동 중 척추 손상 초래, 스쿠버 다이빙 중 얕은 수심에 서 질소 마취 발생	

04 약물 오·남용과 건강

1. 약물 오·남용의 의미	(1) 약물 오용	의사가 처방해 준 약을 지시대로 복용하지 않는 경우
	(2) 약물 남용	① 의료적 목적과 관계없이 행복감, 도취감, 흥분감을 얻기 위해 사용하는 경우 ② 의학적 상식, 법규, 사회적 관습으로부터 일탈하여 쾌락 추구를 위해 약물을 사용하거나 지나친 양을 사용하는 경우
2. 유해약물의 종류와 특성	(1) 각성제	① 카페인 ② 습관적 복용 시 불면증, 우울증, 불안감 유발
	(2) 진정제	① 정서적 긴장과 불안 해소 ② 졸음, 무감각, 혼수상태 ③ 지나친 복용 시 사망 ④ 내성
	(3) 흡입제	① 본드, 시너, 부탄가스, 페인트 등 ② 흡입제 중독은 간, 근육, 신경 기능 손상 유발 ③ 중추신경 마비, 의식 상실 유발
	(4) 환각제	① 중추신경계 흥분 또는 억제 ② 대마초, 코카인, LSD 등
3. 약물 남용의 원인과 과정	**실험단계** • 호기심 발동 • 호기심 시도 • 또래 집단의 압력 ➡ **사용단계** • 감정 변화와 쾌감 • 규칙적 사용 • 흥분, 불안, 우울 ➡ **의존단계** • 쾌감 유지 • 정상적인 의무 수행 불가능 • 약물의 적극 사용 ➡ **강박적 단계** • 강박성 • 내성과 습관성 • 약물을 얻기 위해 모든 수단 방법 동원 • 정상적 활동 포기	

4. 도핑	(1) 흥분제	① 중추신경계 일시적 자극 ② 과민성, 호전성, 불안, 불면증, 흥분, 심장병 등 유발 ③ 커피, 콜라, 홍차 등의 카페인 ④ 감기약의 암페타민
	(2) 근육 강화제	① 테스토스테론 ② 성장 장애, 여성의 남성화, 골격 및 관절 조기 약화, 간암·황달 등의 간장 질환 ③ 정신 장애 초래
	(3) 마약성 진통제	① 모르핀 계통의 약물 ② 통증 억제 ③ 중독 가능성
	(4) 신경 안정제	① 혈압과 맥박 수를 감소시켜 불안감 해소 ② 양궁, 사격, 다이빙, 체조 등의 스포츠 종목에서 사용 금지
	(5) 이뇨제	① 소변 배출량 증가 ② 체급 종목 사용 금지 ③ 탈수, 근육 경련, 혈압 저하, 신장 질환 등 유발
	(6) 한약	

01 **운동 상해** 공청회 19번 / 2010년 2차 2번 / 2012년 40번

1. 운동 상해 원인 2008년 22번	(1) 내적 요인	① 준비운동 부족 ② 체력 부족과 운동 기술 부족 ③ 주의 집중 부족이나 지나친 긴장 ④ 과도한 트레이닝 및 피로 누적 ⑤ 부상에서 불완전한 회복	
	(2) 외적 요인	① 운동의 종류 ② 부적절한 운동 장비 ③ 운동장의 표면 상태 ④ 기후 조건 및 운동 시간대 ⑤ 상대 선수의 반칙	
2. 운동 상해 예방	① 운동 참여 전 신체검사 ② 체력 단련과 컨디션 유지 ③ 준비 및 정리운동 ④ 보호장비 착용 ⑤ 안전점검 ⑥ 보조 예방 기법 활용		
3. 운동 상해 종류	(1) 상해 유형	① 스포츠 외상 ② 스포츠 장애	
	(2) 운동 상해의 원인에 따른 분류	① 급성 운동 상해	㉠ 충돌이나 접촉과 같은 외부 충격으로 발생되는 일회성 외적 상해 ㉡ 관절 부위에서 흔히 볼 수 있는 골절, 관절 연골 손상, 관절 탈구, 인대 손상 및 파열 등 ㉢ 근육에 가해지는 힘을 지탱하지 못할 때 나타나는 근파열과 건파열 그리고 과격한 신체 접촉에 의한 피부 찰과상
		② 과사용 상해	㉠ 염증이나 부분적인 세포의 변성을 가져오는 미세한 외상의 반복 발생으로 인한 만성적 운동 상해 ㉡ 피로 골절, 건염, 근염, 활막염, 인대 좌상 형태의 증상

	(2) 운동 상해의 원인에 따른 분류	ⓥ 과사용 상해 원인		
		내적 요인		외적 요인
		• 부적합한 자세 및 구조 • 근육의 불균형 • 유연성 결여 • 근력 감소 • 관절의 불안정성		• 잘못된 훈련 방법 • 부적절한 시설과 장비 • 기술적 결함
3. 운동 상해 종류	(3) 근육 상해	① 근육 염좌	일반적으로 삔 현상	
		② 타박상	외부 충격을 받아 피부 속 세포 조직이 파괴되어 출혈이 되면서 검푸르게 멍이 드는 현상	
		③ 근육 경련	무리한 운동으로 인한 근육 전해질 불균형	
	(4) 뼈·관절· 인대·연골 상해	① 골절	뼈가 부러진 상태	
		② 탈구	뼈가 서로 어긋난 경우	
		③ 염좌	인대와 기타 조직이 심하게 늘어나거나 뒤틀려서 생긴 관절 부상	
		④ 연골 손상		
4. 운동 상해 재활	재활 치료의 필요성	① 빠른 정상 회복 ② 상해 부위의 재부상 방지 ③ 완전한 기능 회복		
		ⓥ 찜질의 효과		
		냉찜질 효과		온찜질 효과
		• 손상으로 인한 염증과 부종 감소, 혈관을 수축시켜 내부 출혈 감소 • 국소적 진통 진정과 근육 경련 감소		• 손상 부위의 혈관을 확장시켜 영양 공급 증가 • 관절 및 근육의 만성적 통증 완화

02 응급처치 2005년 24번 / 2006년 초등 6번 / 2008년 22번 / 2010년 40번 / 2010년 2차 2번 / 2012년 40번 / 2020년 B 1번

1. 응급처치 원칙		① 부상자 상태 파악 ② 의식 확인 ③ 호흡 확인 ④ 맥박 확인
2. 인공호흡과 심폐소생술	(1) 기도 개방	의식이 없거나 의식이 있어도 호흡을 하지 못하는 경우 기도 확보
	(2) 인공호흡	① 호흡이 계속 멈춘 상태에 있거나 호흡을 하더라도 아주 약한 경우 실시 ② 인공호흡 시간은 환자의 호흡이 회복될 때까지 계속 실시하며, 응급 구조 요원에게 환자를 인계할 때까지, 구조자가 지쳐서 더 이상 인공호흡을 실시할 수 없을 때까지 계속 실시
	(3) 심폐소생술	의식, 호흡, 맥박이 정지된 상태에 있는 환자를 대상으로 호흡 활동과 심장 박동 소생을 위한 처치
3. RICE	(1) 안정(Rest)	① 72시간 이상 휴식 ② 상처 부위가 자극받지 않도록 움직이지 않게 하거나, 경우에 따라서 고정
	(2) 얼음찜질 (Icing)	① 상해 후 처음 48~72시간 동안 2~4시간마다 실시 ② 혈액이 상처 부위에 모여드는 것을 억제하여 상처 범위 최소화 ③ 통증과 경련 감소 ④ 부종과 염증을 억제하여 회복 기간 단축 ⑤ 심하게 찢어진 상처나 출혈이 멈추지 않는 상해에는 실시 금지
	(3) 압박 (Compression)	① 상처 부위 얼음찜질을 하지 못하는 경우에 상처 부위가 크게 붓는 것을 방지하기 위하여 압박 ② 혈액순환을 방해하지 않는 범위 내 압박 ③ 일반적으로 탄력 붕대 사용 ④ 붓기 억제와 회복 기간 단축
	(4) 환부 올리기 (Elevation)	① 상처를 심장보다 높게 들어 올려 출혈 방지 ② 상처 부위가 붓는 것을 억제하여 회복 기간 단축
4. 출혈 응급처치	(1) 직접 압박	① 출혈 부위 직접 압박 ② 출혈이 멈춘 후 소독된 거즈를 덮고 압박 붕대로 감아주며, 출혈이 멈추지 않으면 좀 더 세게 압박 실시
	(2) 간접 압박	① 심장과 가까운 동맥 부위 압박 ② 지혈대 이용 • 출혈을 멈출 수가 없는 절박한 상황일 때 사용 • 지혈 시간을 반드시 표기하여 일정한 시간마다 풀어줌으로써 신경·혈관 손상 방지와 괴사 방지

인공호흡과 심폐소생술

① 반응의 확인

② 119 신고

③ 호흡 확인

④ 가슴압박

⑤ 인공호흡 2회

⑥ 가슴압박과 인공호흡의 반복

⑦ 회복자세

출처 : 질병관리본부

5. 각종 상해 응급처치 2023년 B 9번	(1) 골절	① 부목을 이용하여 골절 부위를 싸고 부목이 움직이지 않도록 끈으로 고정 ② 일반적으로 골절 부위의 상하 2관절을 포함하여 고정
	(2) 쇼크	① 원인 • 대량 출혈 • 심한 화상 등 외상의 심한 통증 ② 증상 얼굴 창백, 식은땀, 속이 매스껍고 구토, 심한 경우 맥박이 빨라지거나 호흡이 불규칙하고 의식 불명 ③ 처치 • 가벼운 쇼크는 제자리에 눕혀서 안정 도모 • 기도 유지와 출혈이 있을 경우 지혈 및 하지 올리기 등의 처치 수반 • 골절이 있을 경우 부목 수반 • 5분 간격으로 맥박과 혈압 측정 • 담요 등으로 몸을 감싸 체온 저하 방지 • 인공호흡과 심폐소생법 실시
	(3) 일사병과 열사병	① 가능한 한 신속하게 시원한 장소로 이동 ② 환자가 편안하게 느끼도록 의복 조정 ③ 시원한 식염수, 스포츠 음료, 물 등 섭취 ④ 열사병 의심 시 즉각적 의료 처치 실시
	(4) 화상과 동상	① 화상 • 화상 부위 옷가지의 물리적 제거 금지 • 화상 부위가 작을 경우 깨끗한 수돗물로 냉각 • 소독 거즈·붕대 압박 금지 • 피부 물집 터트림 금지 ② 동상 • 동상 부위 문지름 금지 • 부분적인 동상일 경우 온욕 ③ 저체온증 • 따뜻한 곳으로 옮겨 체온 보호 • 쇼크 주의 • 심한 오한과 심실 제동 의심 시 의료처치
	(5) 환자 운반법	① 맨손 운반 ② 환자의 머리를 뒤쪽으로 두고 흔들림 없이 들것으로 운반

참고문헌

REFERENCE

Scott K. Powers · Edward T. Howley(2018). 파워 운동생리학 10판. 라이프사이언스

Merle L. Foss 외(2002). 운동생리학(Fox). 대한미디어

한국운동생리학회(2018). 스포츠 트레이닝 2판. 라이프사이언스

최대혁(2021). 파워 운동생리학 11판. 라이프사이언스

최대혁(2024). 파워 뉴 운동생리학. 라이프사이언스

정일규(2023). 휴먼 퍼포먼스와 운동생리학 전정판 2판. 대경북스

W. Larry Kenney, Jack H. Wilmore, David L. Costil(2023). 운동과 스포츠 생리학 7판. 대한미디어

권은성
ZOOM 전공체육

운동생리학
트레이닝론

초판인쇄 | 2025. 2. 20. **초판발행** | 2025. 2. 25.

편저자 | 권은성 **발행인** | 박 용

표지디자인 | 박문각 디자인팀 **발행처** | (주)박문각출판

등록 | 2015년 4월 29일 제2019-000137호

주소 | 06654 서울특별시 서초구 효령로 283 서경 B/D

전화 | 교재 문의 (02)6466-7202, 동영상 문의 (02)6466-7201

저자와의
협의하에
인지생략

ISBN 979-11-7262-478-1 / ISBN 979-11-7262-475-0(세트)

정가 15,000원